竹谷隆之

リボタケ本

REVOLTECH TAKEYA BOOK

二見書房

竹谷隆之

リボタケ本

目次

No.1 多聞天 No.1EX 木調版

No.2 広目天 No.2EX 木調版

No.3 阿修羅 No.3EX 木調版

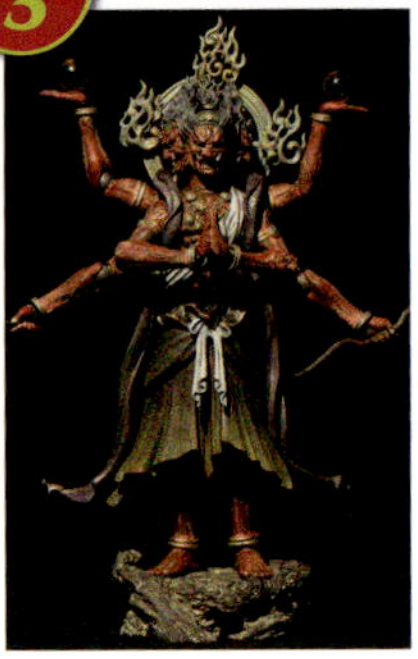

No.4 増長天 No.4EX 木調版

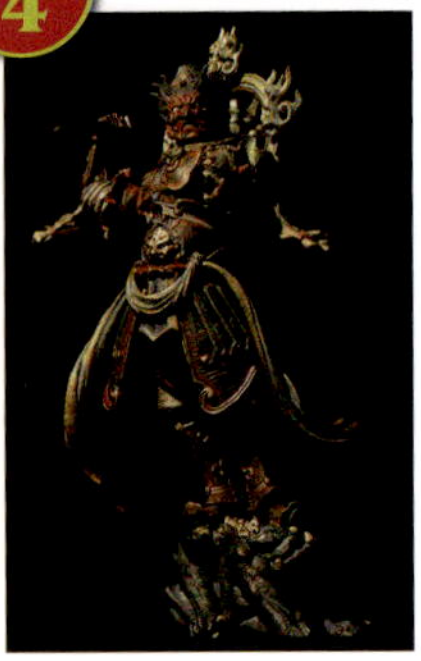

No.10 雷神

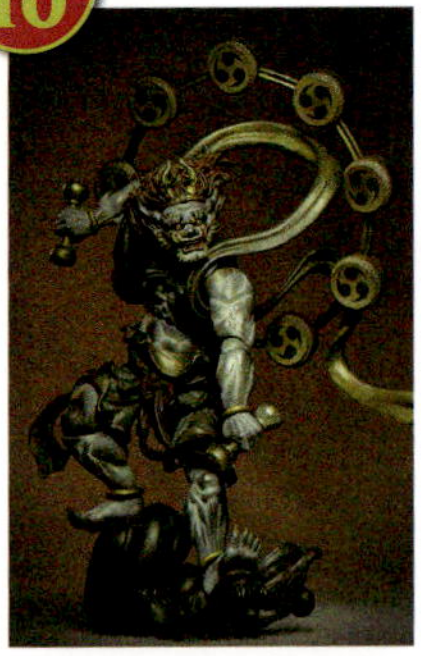

No.11 ZET

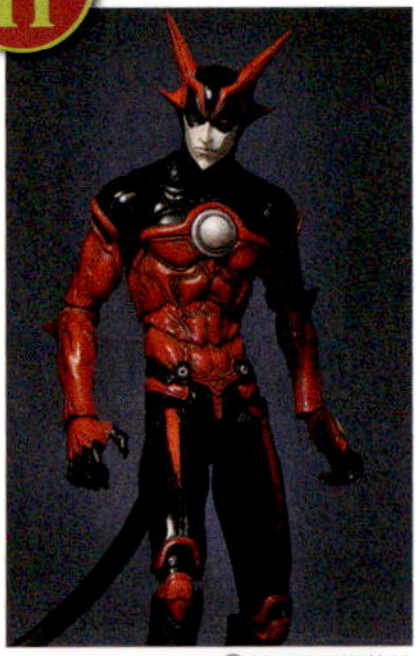

No.12 ALPHAS

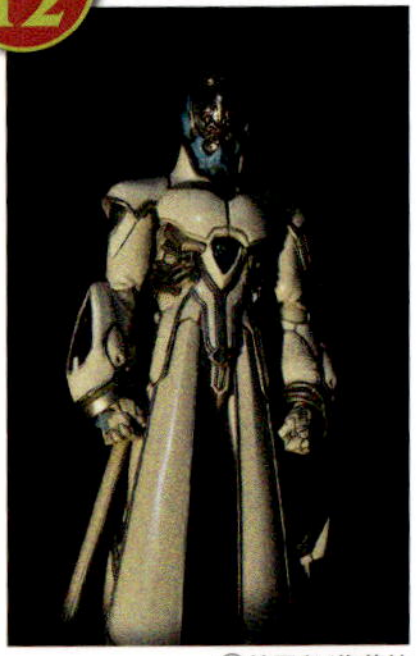

No.13 十一面観音 No.13EX 金箔調版

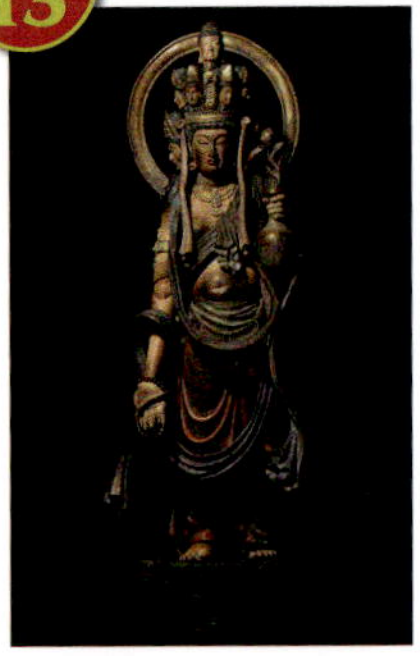

No.14 不動明王

※写真には製品改造、彩色見本が含まれています

No.5 持国天
No.5EX 木調版

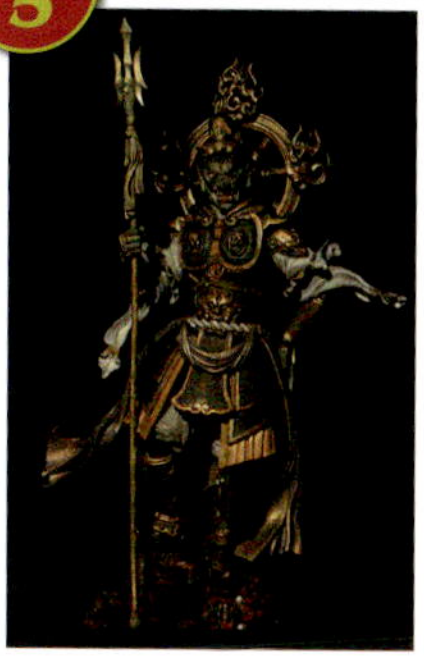

No.6 鬼太郎

©水木プロ

No.7 目玉おやじ

©水木プロ

No.8 ねずみ男

©水木プロ

No.9 風神

リボルテックタケヤの世界 坤

No.15 軍荼利明王
No.15EX 木調版

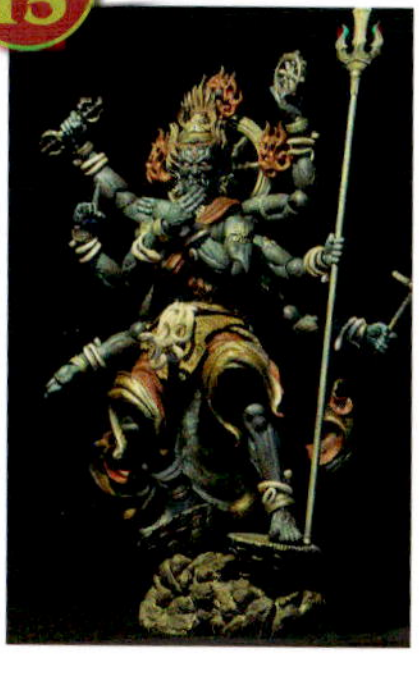

No.16 迦楼羅天
No.16EX 木調版

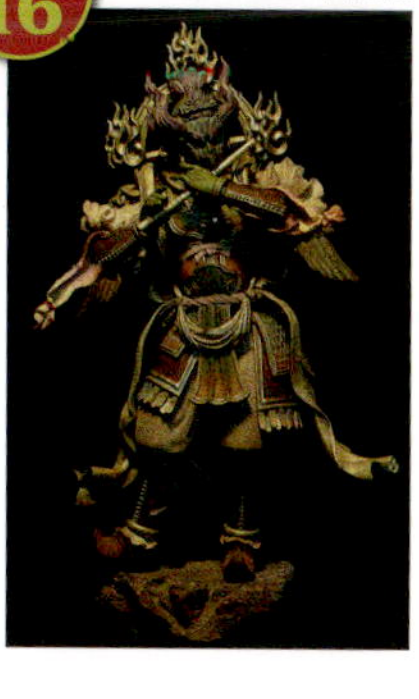

No.17 金剛力士・吽形
No.17EX 木調版

No.18 金剛力士・阿形
No.18EX 木調版

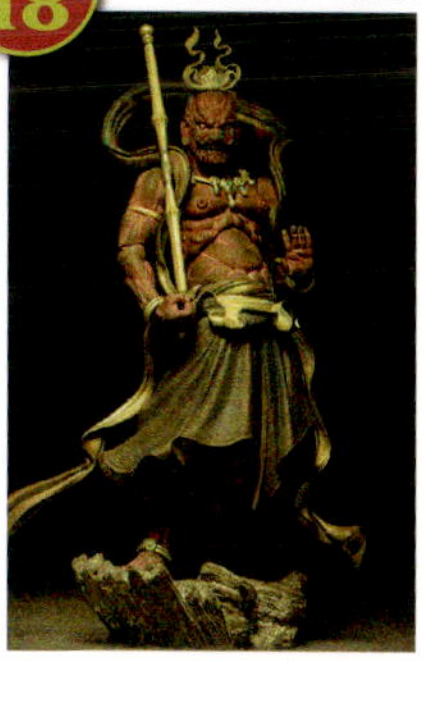

阿修羅
大丸松坂屋限定・青銅調

はじめに

海洋堂のリボルテックタケヤというシリーズは、タケヤという僕の名前が入ってはいますが、僕が独自にモウソウしている世界やキャラクターを商品展開しているわけではありませんし、僕がひとりで何から何までをこなしているわけでもありません。言うまでもありませんが、これはたくさんの人のアイデアや技術や労力で成り立っている共同作業なので「タケヤ」と入ることには気恥ずかしさや心苦しさを感じています。が、ともあれ僕と山口隆さんの「こんなのあったらおもしろいねー」「こういうのほしいなー」というバカ話から始まったことが実際にカタチになっている企画ではあるので、ありがたく、本当に有り難く思っています。僕よりもはるかに情熱とプロデュース力を持ち合わせている山口さんの名をとって「リボルテックヤマグチ」でも良かったのですが、すでに山口勝久さんの同名のシリーズがありますし、二人の名前をあわせて「リボルテックヤマタケ」とかになってくるとよけいにわけが分からなくなるのでいたしかたないのかな、とも思います。

この場を借りてこの企画に携わっていただいている多くの方々と海洋堂の宮脇修一社長、製品を買ってくださっている皆様に心から御礼申し上げます。精進しますんで！これからもなにとぞよろしくお願いいたします！

竹谷隆之

リボルテックタケヤの世界
REVOLTECH TAKEYA WORLD

乾

仏像コレクション
Buddhist Statue Collection

解説（P11 ～ 57）：宮澤やすみ

コラムニスト、三味線奏者。小学生で仏像の魅力に目覚める。大学で東洋美術史を学び、IT企業を退社後、寺社の取材執筆を経て今に至る。現在は平易な言葉とイラスト、音楽などで仏像と寺社の魅力を伝えている。NHK総合「ひるまえほっと」仏像案内人として準レギュラー出演。早稲田大学エクステンションセンター講師。宮澤やすみ同行の寺社めぐりツアーやトークライブで、楽しく仏像を学ぶ人が増えている。

小唄師範でもあり、三味線指導のかたわら、江戸の古典音曲からロックまでジャンルを問わず国内外で演奏活動。仏像を歌うオリジナル曲「ご開帳ブルース」なども発表。

著書は、『仏像にインタビュー』（ディスカヴァー21）、『東京仏像さんぽ』（明治書院）など多数。

公式サイト http://yasumimiyazawa.com

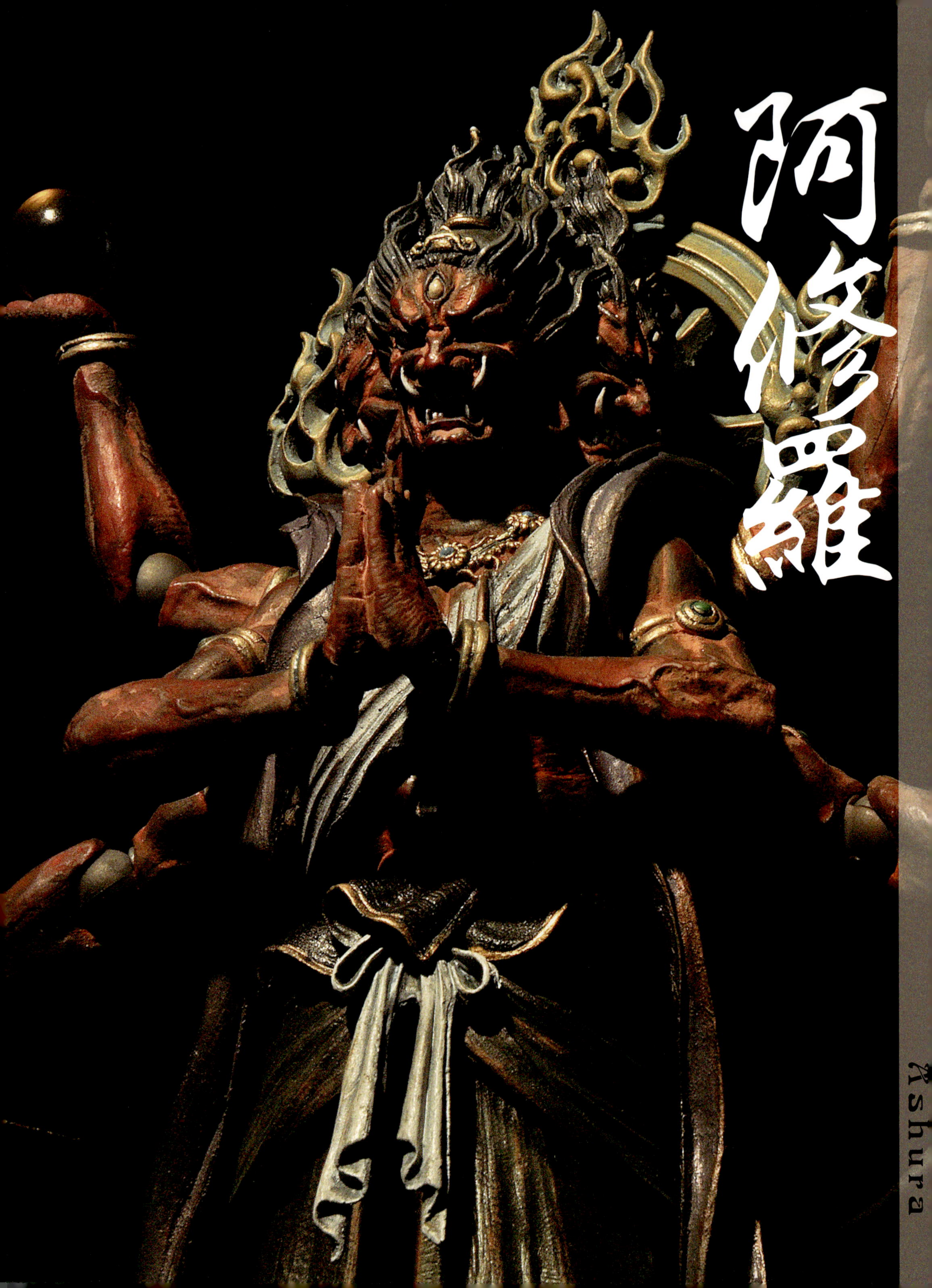
阿修羅
Ashura

Ashura

Ashura

無情！哀しみ背負った悪鬼の秘められた真実

✣ 地に堕ちた「正義」の神

鬼の形相で屹立《きつりつ》する、三面六臂《さんめんろっぴ》の赤い悪魔。「修《しゅ》羅道《らどう》」という、戦争に明け暮れる世界の盟主である。その胸に秘めた、ある哀しみとは……？

阿修羅の起源は謎に包まれているが、古代ペルシャのアフラ・マズダと祖先を同じくし、古代文明の広がりとともに形作られていった。古代インドでは、天界に住む神とは別の種族（非天）として描かれる。「正義」を司るとする文献もあり、いずれにせよ善神であったようだ。

しかしある時、事件が起こる。インド最強の神・帝《たい》釈天《しゃくてん》（インドラ）が阿修羅の娘をかどわかした。帝釈天はインド中の美人と関係を結ぶ色好みである。これに怒った阿修羅は帝釈天の軍勢に戦いを挑み、天地を巻き込む大戦争が勃発したのだ。

しかし、雷を操る帝釈天には到底勝ち目がない。それでも阿修羅はあきらめず勝ちにこだわった。そして最後には力尽き、地下世界へ追放されたのだ。すなわちこれが修羅道である。

✣ 阿修羅のジレンマ

このエピソードは、現代人の目線で見ると不可解である。事の発端は帝釈天にあるのだが、阿修羅が悪者扱いされている。さまざまな解釈があるが、問題は阿修羅が「正義にこだわりすぎた」という点にあるようだ。仏教で徹底的に排除されるのは「執《しゅう》着《じゃく》」の心。何かにこだわった時点で、そこに煩悩が生まれる。それがたとえ「正義」であってもだ。「正義」という大義名分はたいてい利己的なものである。すべては娘のためだった。しかし、正義の戦争は果たして娘のためになったのだろうか？　そこに阿修羅のジレンマがある（詳細は、拙著『仏像にインタビュー』（ディスカバー21　電子版）を参照いただきたい）。

正義にこだわる余り戦争を止められなくなった阿修羅は、闇世界へ堕ちた。善神の体は鬼畜の姿へと変貌し、脳裏に蠢《うごめ》くのは、もはや怒りと殺戮の快感だけ。憐れみの心を胸の奥に仕舞い込んで。

✣ 今、新たなる邂逅

しかし、仏教世界では釈迦の教えに阿修羅が改心し、守護神「八部衆」のメンバーとして登場する。まるでデビルマンのように、破壊から守護へと己の目的を変えたのだ。竹谷氏の造り上げた仏像世界では、宿敵・帝釈天の部下である四天王と阿修羅が同列に並ぶ。数千年の時空を超えた、神々の邂逅。ここに、長年の戦闘は過去のものとなった。かつての敵は手を組んで、ともに新たな地平を目指すのだ。その目は、我々衆生のもとに向けられている。

✣ 旅先で見られる阿修羅

興福寺（奈良）国宝館……あまりにも有名な阿修羅像。少年のような顔立ちに憂いのある微妙な表情で一世を風靡した。三面ある顔のうち、向かって左の顔はくちびるを噛みしめ悔しそうに見える。華奢な手足もこちらが守ってあげたくなるようだ。通常は忿怒相であるはずだが、この像だけは特殊である。天平時代の脱活乾漆という技法が使われ、美術史の面でも貴重な像。

三十三間堂（京都）……千体の観音菩薩を護持する二十八部衆のメンバーとして立つ。阿修羅本来の激しい忿怒形が見られる。

阿修羅の原型制作について

阿修羅といえば興福寺の像が一般的な認知度が高いのですが、もともとの図像はけっこう荒々しい印象で、各地の寺院に現存する阿修羅像もそんなタイプのほうが多数派のようです。なのでアレンジをする際には鎌倉期の彫刻で完成度の高い三十三間堂の様式を基本にしました。しかしこの企画は「実際に現存する仏像の再現」ではないので、キャラクターデザインでいえば「より、そのキャラクターらしく」を目指して、もっと荒々しくかなり恐ろしい表情に振ってみました。基本造形は顔を造ったら天下一品！　の鬼木祐二氏です。ほとんどの阿修羅像で欠失している持ち物も、持つべき手に持たせました。

静かな佇《たたず》まいの興福寺タイプも作れるといいんですけどねーどうでしょうね……。（竹谷）

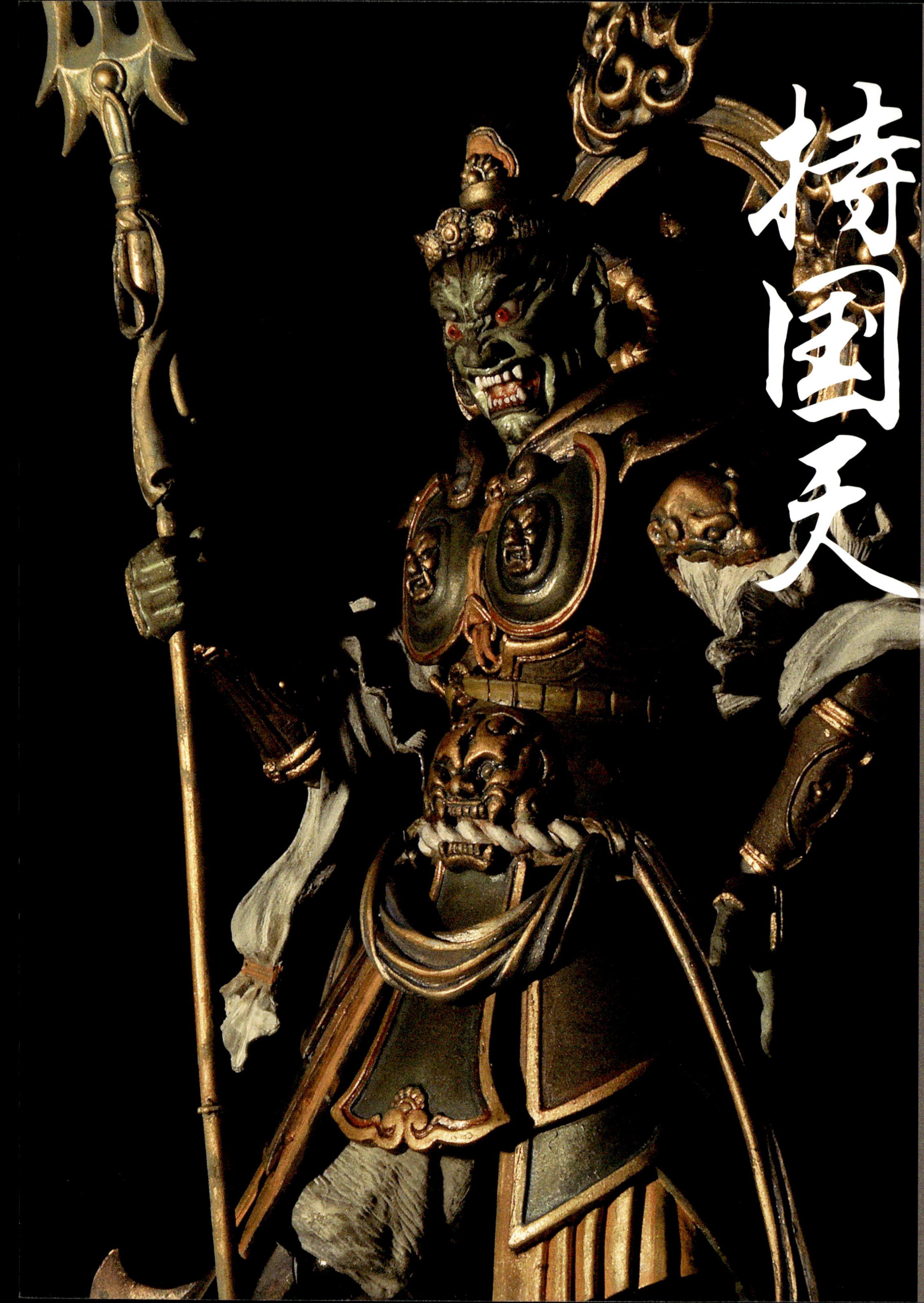

持国天

Jikoku-Ten

Jikoku-Ten

絶叫！ 怒声が聞こえるメタル系フロントマン

✣ 音楽神から武装神へ

寺の堂内に入ると、須弥壇《しゅみだん》に仏像たちが居並ぶ、その中で最前列の向かって右側、すなわち一番目立つ位置に立つのが持国天だ。その存在感と圧倒的なカッコよさは、仏像界のフロントマンとしてファンを魅了し続ける。ぜひ派手なポージングで決めてほしい一体だ。

持国天の信仰はインドにさかのぼる。そこでの姿はたおやかな美形の音楽神・ガンダルヴァ族とされ、名前をドゥリタラーシュトラといった。それが中国でアレンジされ、武装神として世に流布したのだ。怒りのイメージで再デビューした持国天。壮絶な姿から聞こえてくるのは、まさにヘヴィメタル。狂おしいディストーションギターの咆哮と、うなるベースの轟音が、地鳴りとともに見る者の脳髄に響いてくるようだ。

✣ 独自の鎧デザインと天冠台

竹谷氏の造形を見てみよう。

青黒い顔は「忿怒相」と呼ばれる怒りの表情で、真っ赤な口から怒声を発しているようだ。

鎧のディテールも個性がみられる。両胸にあしらわれた夜叉の顔は竹谷版持国天の特徴といえようか。全体に怒りみなぎる姿だが、頭に飾られた天冠台に、音楽神だったころのおしゃれな印象もある。

足下に踏みつけるのは邪鬼。古《いにしえ》より、邪鬼の造形は仏師たちの腕の見せ所だ。竹谷氏の邪鬼はもがきながらもどこかユーモラス。胸や腹など、隠れて見えない部分もしっかり造形されている。

✣ 世界の四方を守護する四天王

仏法を守護し、外敵を調伏する四神を「四天王」という。持国天は、ほかの三神（増長天、広目天、多聞天）とともに、仏教世界の四方を守護するとされる。持国天は東を受け持つ。「提頭頼吒《だいずだら》」などの漢訳表記もある。

四天王は、上司でありインド最強の神である帝釈《たいしゃく》天《てん》とともに行動する。詳しくは増長天の項を参照。

✣ 旅先で見る持国天

東寺（京都）講堂……平安初期に、弘法大師・空海が監督した24体もの密教仏が立ち並ぶ講堂。その中で、持国天のインパクトは計りしれない。堂の入り口が東側にあり、足を踏み入れればまず持国天と向き合うことになる。それを計算してか、持国天の今にも剣を刺さんとするような迫真のポージングと、頂点に達した怒りの表情に思わずあとずさりしてしまうだろう。

浄瑠璃寺（京都）……9体の阿弥陀如来が並ぶ静謐な空間。その隅の暗がりに目をやると持国天がいる。東寺の像から時代が下り、平安中期らしい貴族好みの華麗な姿に目をうばわれる。怒りの表情も秀逸だが、より内省的な印象を受け、静かにじっと向き合っていたくなる名像である。隣に増長天も安置されている。

東大寺（奈良）戒壇堂……天平（奈良）時代の作で、現存する中で3番目に古い像。粘土で作られた塑像で、表面が白いが、間近で見ると赤や緑など極彩色で彩られていたことがわかる。頭に兜をかぶり、直刀を静かに構えるが、見開いた目は厳しい。力と怒りの表現と、優美さが一体に込められた天平の古典美を感じてほしい。

持国天の原型製作について

この持国天もどこかの特定の像に準じたのではなく、さまざまな像から持国天にふさわしい要素を抜き出して合成したり、四天王が4体そろったときに各々が個性的になるように甲冑のデザインを考えたりしています。邪鬼のポーズやデザインも、一般的な様式を基本に醜《みに》かわいい邪鬼らしさをめざしました。

顔や手の造形は鬼木祐二氏、その他全体の造形は谷口順一氏です。山口隆氏は彩色見本のほかにこのシリーズ全体の進行管理的なこともやってくれます。……じゃあオマエは一体何を？……

……あっアレンジ画を描くのと原型の仕上げやってます。関節仕込むのも山口さんといっしょにやったりしますよ、ホントです。（竹谷）

増長天

Zocho-Ten

Zocho-Ten

暴発！レッドゾーン越えの超絶パワー

✣ 増大する力の象徴

四天王の中で、持国天と並んでフロントマンを務めるのが増長天だ。須弥壇の前列左側に立つと決められている。持国天とのポーズの対比が増長天の見せ所だ。

増長天は、仏教世界で説かれる須弥山の南方に住むことから、南方の守護仏とされる。インドではヴィルーダカといい、経典では毘楼勒叉《びるろくしゃ》と漢訳される。この名前には「成長」「増大」といった意味合いがある。つまり、力とエネルギーが増大し、人類の想像をはるかに超えた、無限大のパワーを発揮するのが増長天なのだ。神か？　悪魔か？　天空より舞い降りし巨大ヒーロー。我々人間どもは、増長天の大いなる力に戦慄し跪《ひざまず》くのみである。

✣ 激しさと美しさの調和

竹谷氏の作り上げた増長天は、まさに天へ伸び上がっていくような力を感じる。

青黒い髪は「怒髪天を衝《つ》く」の言葉通りに逆立ち、極限の怒りに満ちた表情に圧倒されるだろう。

実際の寺で見られる増長天は、左手に戟《げき》（古代の槍）を持ち、右手を腰に当てるポーズがよく見られる。しかし、持物やポーズに明確な決まりはなく、基本的に自由だ。竹谷版の増長天は金剛杵《こんごうしょ》を執る。金剛杵とは、餅つきなどに使われる杵《きね》が武器となったもの。金剛はダイヤモンドの意味だ。どんな魔物をも打ち砕く、仏教界最強の必殺武器である。

そんな力に満ち満ちた風貌ながら、腰からたなびく天衣《てんね》はたおやかに美しく表現されており、華麗なダンスを舞っているようにも見えてくる。激しさの中にほとばしる華麗な美しさを感じてほしい。

また、足下に踏まれた邪鬼にも注目。下唇から牙が伸び、四つん這いになったスタイルは、天平以前、飛鳥時代の仏像に見られる古代のスタイルを踏襲していると思われる。

✣ 仏像界の上下関係

四天王の上司には帝釈天《たいしゃくてん》という格上の天部がいる。あの阿修羅と戦ったインドラのことだ。帝釈天はインド最強の神とされ、エピソードに事欠かない。インド神話では女好きとしても描かれ、数々の武勇伝がある。遊びとケンカにめっぽう強い上司・帝釈天のもとで、四天王たちはのびのびと仕事をしているのだ。その四天王にも家来がいて、増長天は鳩槃《くばん》茶《だ》という鬼神を配下に置く。つまり、帝釈天が課長クラスだとしたら、四天王が主任、鳩槃茶は担当もしくはバイト、という図式だ。このように、仏像世界も細かなヒエラルキーが設定されているのである。

✣ 旅先で見る増長天

東寺（京都）講堂……持国天の項で紹介したとおり、圧巻の像がずらり。持国天が激しい動きを表現するのに対し、増長天は戟を持って雄々しく立っている。

法隆寺（奈良）金堂……日本に残る最古の四天王像がある。シンプルな姿の中に、古代の原初的な力の表現を感じる。邪鬼の表現も、どこか謎の古代文明遺跡を彷彿させる、独特のスタイルになっている。金堂内部は飛鳥時代の貴重な古仏が並び、見る者を一瞬で古代日本へ誘う不思議な空間である。

増長天の原型制作について

増長天も特にどこそこの寺の像を元に、ということではなくて、いろんな像の部分を合成したり好みに変えたりで再構成なまとめかたをしました。

これも顔や手が鬼木祐二氏の造形によるもので、その他の体や邪鬼、全体のまとめが谷口順一氏です。山口隆氏の赤を基調にした彩色がより戦闘的なイメージを強調してて素敵です。邪鬼は4体がそろったときのバランスを考えて、あえて増長天の足元にはみられない邪鬼の様式を基本にアレンジしました。

（竹谷）

広目天

Komoku-Ten

Komoku-Ten

超力！　特殊能力を備え、すべてを見通す勇者

✣ 特殊能力で勝負する

須弥壇の四隅に立つ四天王の中で、広目天は後列左に立ち、西の方角を守護するとされる。寺の堂内では奥まった位置に立つが、その存在感は、静かに、着実に、見る者の心に訴えかけてくる。前列で派手にふるまう持国天、増長天も、彼の支えなしでは力を十分に発揮できない。そんな広目天は、バンドで言えば頼もしいベーシストのような存在といえよう。

インド名はヴィルーパークシャといい、毘楼博叉《びるばくしゃ》と漢訳される。別名を醜目天ともいうが、これは、普通でない特殊な目をもつ天部という意味で、千里眼のような特殊能力をもつと信仰される。

広目天は武器を持たない。手にあるのは巻物と筆だ。人の行いを見極め、書き留める。それを上司である帝釈天に報告するのであろうか。我々の心の奥底にどろどろと淀む醜悪な面まで、広目天は簡単に見通してしまう。どんなに外見を取り繕ったところで、まったく通用しないのだ。

✣ 基本に忠実なデザイン

竹谷版の広目天は、髪形などは実際の寺で見られるような古風な髻《もとどり》を結んでいる。印象的なのはやはり目で、心の内面をも見透かすように、こちらを凝視している。ベルトのバックル部分や肩当ては「獅《し》噛《がみ》」と言って、獅子などの霊獣をかたどり魔よけとしたものだ。これも実際の寺に安置される天部像によく見られるデザインで、竹谷氏の深い探求心が伺える。

✣ 信長が舞った四天王の世界観

稀代の戦国武将・織田信長が舞ったとされる謡『敦盛』の文句に「人間五十年　下天のうちを比ぶれば　夢幻のごとくなり」とある。「下天《げてん》」とは、四天王が住むとされる世界のことである。

仏教世界では、須弥山《しゅみせん》という山を中心に世界が構成される。須弥山は各層に分かれており、その層ごとに仏が住むとされる。四天王が住むのは「四天王衆天」（または四大王衆天、四王天とも）といい、人間の世界にもっとも近いため、別名「下天」という。

『敦盛』の「人間五十年」の言葉を引き合いに「人の一生は50年」とよく言われるが、じつは本来の意味はちがう。これは、四天王の住む「下天」の1日が、人間界でいう50年に相当するという意味なのである。

✣ 旅先で見られる広目天

東大寺（奈良）戒壇堂……仏像ファンなら絶対にはずせない、人気ナンバーワンの広目天。粘土でできた塑像だが、するどい眼光が見えるようだ。遠くを見据え、渋い表情に不敵な笑みも浮かべるかのような微妙な表情がいい。苦み走った顔立ちと、引き締まった体つきで、女性ファンの参拝が絶えない人気者である。

勝覚寺（千葉）……九十九里浜に近い地方仏であるが、その造形は奈良の有名仏像に引けをとらない、2メートルを超す四天王たちは圧倒的な迫力で迫ってくる。中でも広目天は高い鼻と深くくぼんだ奥目で、西洋人のような顔立ちで整っている。背後まで廻って拝観できるので後列の広目天も見やすい。
（拝観は事前予約が必要）

多聞天の原型制作について

この広目天の顔は快慶作といわれる像をイメージソースにしながら、他のいろんな広目天の基本的な要素を取り入れたり、関節を入れて動かしやすいデザインにアレンジしました。

顔や手の造形は鬼木祐二氏で、その他体や邪鬼などの全体的な造形的まとめは谷口順一氏にやっていただきました。彩色見本はこのシリーズすべて山口隆氏が担当しています。山口さんは仏像に関する知識が豊富で深いので、〝この仏像はこういう色であるべき〟という配色はもちろん、仏像特有の出っぱった所が黒ずんだり剥げたりしている塗り方や、経年変化した感じの塗り方が量産品でも再現できるようにチャレンジしてくれています。

（竹谷）

Tamon-Ten

Tamon-Ten

征伐！聖徳太子も頼った最強「福の神」

四天王のリーダー格

四天王の中で最強のリーダーが多聞天だ。多聞天は別名「毘沙門天《びしゃもんてん》」ともいい、インド名にも二つある。一つがクベーラで財福の神。もう一つがヴァイシュラヴァーナといい、教えを「よく聞く者」と解釈され多聞天と漢訳された。高く上げた左手に、宝塔（釈迦の遺骨を納める仏舎利塔）を捧げ持つのが特徴だ。反対の手には宝棒などを持つ場合が多い。

四天王としては、広目天とともに後列に立ち、北方を守護するとされる。その姿は寡黙でありながらリーダーとしての風格をもつ。荒ぶるメンバーたちをまとめる頼もしい存在と言えるだろう。

多聞天が毘沙門天と呼ばれるのは、独尊で祀られるときだ。同じように、リボルテック多聞天を単独で飾るなら、尊名は毘沙門天と呼ぶとよい。

風格を感じる渋い造形

竹谷版の多聞天は、邪鬼を踏むスタンダードなスタイルだ。青黒い肌で口をへの字に曲げ、堂々とした表情、その渋みのある顔は、自信に満ちあふれ、持国、増長、広目天に比べて年長者のようにも見える。たぎる熱情と鋼鉄の信念を鎧の下に秘め、リーダーらしい風格を感じる造形である。

国家権力と四天王

古代から、四天王とくに多聞天（毘沙門天）は、国家鎮護の願いがかけられた。もっとも古い例は聖徳太子の時代だ。排仏派の物部氏を打倒するため、太子は毘沙門天に祈り、戦に勝った。その後建てられたのが大阪の四天王寺である。奈良の東大寺や各地の国分寺も、もとは「金光明四天王護国之寺」という名称で、四天王の力で国を守るという国家の重要機関であった。

さらに、平安時代の朝廷が東北の蝦夷征伐に乗り出すと、北方の守護神である毘沙門天が利用されることになる。現在も岩手には三体の毘沙門天が祀られているが、都から遠いこの地で、朝廷が地元豪族に対し睨みを効かせる意味があったのだろう。この毘沙門天は、足下に地天女という女神を踏みつける独特のスタイルになっていて、「兜跋《とばつ》毘沙門天」という。

このように、国の争い事などキナ臭い現場で祀られてきた多聞天（毘沙門天）であるが、その一方で、あの七福神のメンバーとしても知られている。これは、インドでの財福神クベーラの性格が毘沙門天に受け継がれているためといわれる。

旅先で見られる多聞天

成島毘沙門堂（岩手）……岩手の三大毘沙門天のひとつ。木彫で日本最大の毘沙門天。像高は5メートル近い。年代は平安時代前期とされ歴史的にも大変貴重である。足下には地天女を踏む兜跋毘沙門天のスタイルだ。足下で正座し、顔を見上げると恐怖のあまり背筋の凍る思いがするだろう。

観世音寺（福岡）……寺は大宰府にあり、異国の侵略を水際で調伏するという国家命題のためか、この寺の仏像はどれも圧倒的な力とある種の恐怖感が感じられる。平安時代初期にさかのぼるという毘沙門天は、ギロリと見開いた目と量感あふれるマッチョな身体で見る者を圧倒する。かなり古い時代の像で、一木造らしい重厚さをたたえている。

多聞天の原型制作について

このシリーズ第一弾として作られた多聞天の原型は、鬼木祐二氏にお願いして制作していただきました。紆余曲折、試行錯誤を経てようやく出来上がったときは〝鬼木さんがいなければこのシリーズは成立しない！〟と言えるほどの完成度で大きなインパクトがあるものでした。このとき確立した〝鎌倉彫刻慶派的なムードを尊重しつつ関節可動フィギュアとしてのあり方を融合させた造形作法〟でその後のこのシリーズが続いています。この多聞天は特にどこそこの像を元にしたということではなくて、いろんな像の彫刻的に良い所や好きな所、フィギュアに向いてる所などを合成・再構築して〝仏像としての多聞天らしさ〟を目指しました。　（竹谷）

迦楼羅

Karura

Karura

飛翔！ 怪鳥の妙なる調べに幻惑されて

随所にいる「隠れ迦楼羅」

奇怪な鳥は、意思と知性をもち、得意の横笛でえも言われぬ音楽を吹奏する。天上界の妙なる調べは、仏の教えを称え、我々を陶酔の境地へと誘ってくれるようだ。恍惚の世界に身を委ね、ゆっくりと、より高みへ、昇り詰めていく……。

迦楼羅の原型は、インド神話でのガルーダと呼ばれる神鳥である。その姿は鳳凰のように美しく、翼を広げると336万里もあるという。また、風雨をもたらす龍を食べるため、天災を除く力があるとされた。龍が転じて蛇の毒を除き、さらには病を除き延命の利益をもたらすともされた。

仏像の世界では、迦楼羅はさまざまな形で表現される。多いのは仏像の台座や光背（仏像の背後に置かれる装飾）のデザインに用いられるもので、たとえば不動明王の背後に燃える炎の形が鳥の頭の形になっていることがある。これを「迦楼羅炎」という。ガルーダが龍を食うように、迦楼羅は煩悩の象徴である蛇をついばむとされたため、煩悩を燃やす炎に迦楼羅のイメージを重ね合わせたものだ。菩薩像の台座に鳥形の迦楼羅が用いられる場合もある。

神々が集う八部衆

仏教では、迦楼羅は阿修羅などとともに、「八部衆」のメンバーとして活躍する。八部衆とは、釈迦の教えを護持する8種の神々のことである。その中には、仏教界の守護神である天（天部）のほか、龍（龍王）、夜叉、阿修羅という悪役神、そして乾闥婆《けんだつば》、緊那羅《きんなら》、摩睺羅伽《まごらか》という音楽神、これに迦楼羅が加わる。

鳥そのものの形にも表現される迦楼羅の姿だが、八部衆の一員としては鳥頭人身で、甲冑を付け、篳《ひち》篥《りき》や横笛を持つ。これは他の音楽神との調和をはかったからと思われる。

竹谷版の迦楼羅は、まさしく八部衆としての迦楼羅を表現したもので、がっちりと武装し、より人間に近い姿に造られている。その表情は、怪異そのものではあるが、どこか知性を感じ、人間らしさを帯びている。背中から生えた翼は羽毛がたなびき、まるでハープのように美しい曲線を描いている。

なお、こうした人間的な姿に表現された迦楼羅は、天平（奈良）時代にはすでに造像されており、後の時代には日本の山を跳梁跋扈《ちょうりょうばっこ》するカラス天狗のモデルとなっていくのである。

旅先で見られる迦楼羅

三十三間堂（京都）……風神雷神、阿修羅も揃う仏像の殿堂。きらびやかな千体仏がずらりと並び、その最前列に「二十八部衆」という守り神が並ぶのだが、じつは八部衆もこの中に含まれている。堂内北側（向かって右）から17番目、堂の中央付近に立っている。

興福寺（奈良） 国宝館……興福寺は日本を代表する仏像の宝庫。天平時代の貴重な八部衆が並んでおり、阿修羅とともに迦楼羅も人気である。竹谷版の造型に比べてさらに鳥らしさが強い。くちばしが強く曲がる形は、天平以前、飛鳥時代の伎楽面の形から影響を受けていることがわかる。古代の異形表現の白眉である。

寛永寺（東京） 清水観音堂……京都の清水寺を模した仏堂には、本尊・千手観音菩薩を中心に二十八部衆が並び、迦楼羅のほか阿修羅などが集結する。

迦楼羅の原型制作について

これも三十三間堂の迦楼羅の様式を基本に、関節を動かしやすいように甲冑をアレンジしたり顔の表情をコワめにしたりしました。基本原型の制作はクリーチャーやSFな造形でいつもお世話になってる谷口順一氏。背中の翼は左右対称に羽根がズラッと並んでるので手作業での造形は大変！　ということで辛嶋俊一氏にお願いして3Dデータで作っていただきました。一昔前に酒飲みながら友達と「左右対称マシンが早く出来ればいいのにな－」なんて夢みたいでムリだろうなと思いながら言ってたのに、すっかりそんなの通り越した技術が一般化してきてて…いやもう、ほんと凄いな、いい時代だなって実感してます。頭の冠装飾と乳首的位置の装飾も辛嶋氏が3Dデータで造って下さいました。

（竹谷）

金剛力士 阿形・吽形

Kongo-rikishi a-gyo/hum-gyo

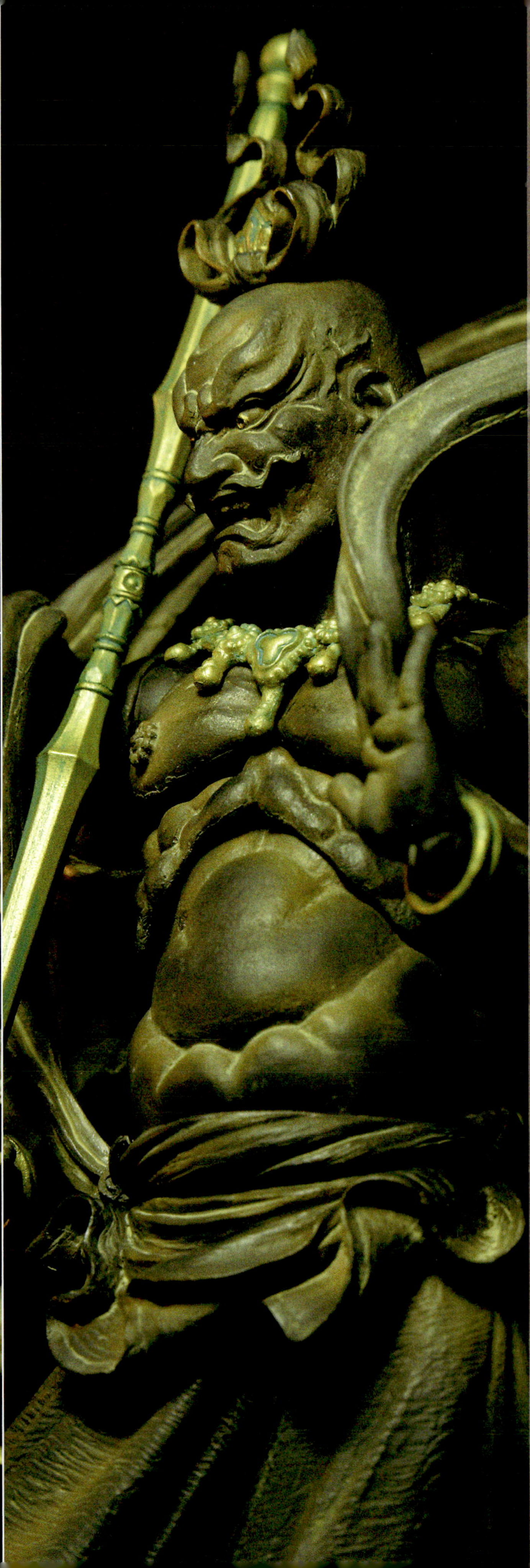

Kongo-rikishi a-gyo/hum-gyo

Kongo-rikishi a-gyo/hum-gyo

必殺！阿吽の怒れる二神、大地に立つ

✣ 万能の武器を手に闘う神

怒張する筋肉に鎧はいらない。鋼鉄のような筋肉そのものが彼の鎧だ。天衣《てんね》をはためかせながら、己の肉体と必殺武器・金剛杵《こんごうしょ》だけを頼りに、敵に立ち向かう。たとえこの身が滅びても、守るべきものがある。誇り高き戦いが今、始まる。

インドではヴァジュラダーラなどと呼ばれ、金剛《ヴァジュ》杵《ラ》を持つ者という意味がある。金剛杵は、両端が尖った杵形の武器で、稲妻をもたらす古代インドの武器だ。仏教では、これが煩悩を打ち砕き悟りへと導くアイテムとされた。先が槍のように尖ったものを「独鈷杵《とっこしょ》」、先が三つに割れたものを「三鈷杵《さんこしょ》」五つに割れると「五鈷杵《ごこしょ》」という。いずれも金剛杵の一種である。

竹谷氏の像は、阿吽両像とも、厳しい目線に引き込まれる。浮き上がる血管や、腹部にある異常に盛り上がった筋肉などは、古像の伝統的な表現を踏襲している。引き締まった身体に天衣が美しい。戦いを前にして、全身から発せられるオーラに、衣だけでなく髻《もとどり》を結ぶ紐までが上空へたなびいている。

戦いを前に、怒気に顔をゆがめながらも悠然と大地を踏みしめる二神の、内面に漲《みなぎ》る大いなる力を感じてほしい。

✣ 謎多きその由来

金剛力士はもともと一人であったことをご存じだろうか。名称を「執金剛神」といい、日本では東大寺法華堂に残る。のちに寺の門などに配されるに従い二体が並ぶようになったようだ。いずれにしても、釈迦を守護する神が転じてあらゆる仏と寺そのものを守る守護神「仁王」となったのである。

口を開けているほうが阿形、閉じているほうを吽形と呼ぶことはよく知られている。古代インドの言葉で「阿」は最初、「吽」が最後であり、万物の最初と最後を表すとされる。このモチーフが仁王や狛犬など対になる像に取り入れられてきた。

また、二十八部衆（迦楼羅の項参照）のメンバーにもなっている。この場合は「密迹金剛力士」「那羅延堅固王」などといった名前で呼ばれる。

✣ 民衆に親しまれた金剛力士

民衆にもっとも近い位置に立つ金剛力士＝仁王はさまざまな伝説や民間信仰とも結びついた。東大寺の執金剛神は、頭に結わえた紐が蜂に変化し、平将門の目を射たという。地方では健脚の信仰が生まれ、大きなわらじを奉納することで健康を祈った。さらに、自分の体の悪い部位と同じ位置に濡らした紙を貼り付けて病気平癒を祈るという願掛けも流行した。

✣ 旅先で見られる金剛力士

東大寺（奈良）南大門……像高8メートルにもなる圧巻の巨像。名仏師・運慶を始めとする仏師集団「慶派」の代表作だ。彼らはこの二体をおよそ70日のスピードで造ったことがわかっている。なお、阿形と吽形の立ち位置が通常と逆になっている。このほか、法華堂にはめずらしい着甲した像と、執金剛神がいる（12月16日のみ公開）。

法隆寺（奈良）中門……国内最古の仁王像。身体を曲げて迫りくるような姿勢でこちらを威嚇する表現は現代人をも圧倒させる名作。

金剛力士（阿形・吽形）の原型制作について

この仁王像2体も鎌倉彫刻慶派的なマナーを大事にアレンジしていきました。鬼木祐二氏の原型は筋肉や骨格の説得力だけでなく、顔や手の造形が特に素晴らしく、力を込めて眼を見開いた表情は2センチ程度の大きさなのに存在感絶大だと思います。僕と山口さんで意外と苦労したのは肩などの関節の位置やスカート状のパーツのモールドや関節の仕込み方・分割のしかた…それから少しでも阿形と吽形を違うものにするために、じつは顔や首飾りだけでなく胸の下と腹部のパーツを変えてあります。持道具はかっちりした精度を出すのが得意な高木健一氏にお願いしました。高木さんは他の持道具なんかもちょくちょくやっていただいてまして助かっております。

（竹谷）

風神雷神

Fujin Raijin

Fujin Raijin

Fujin Raijin

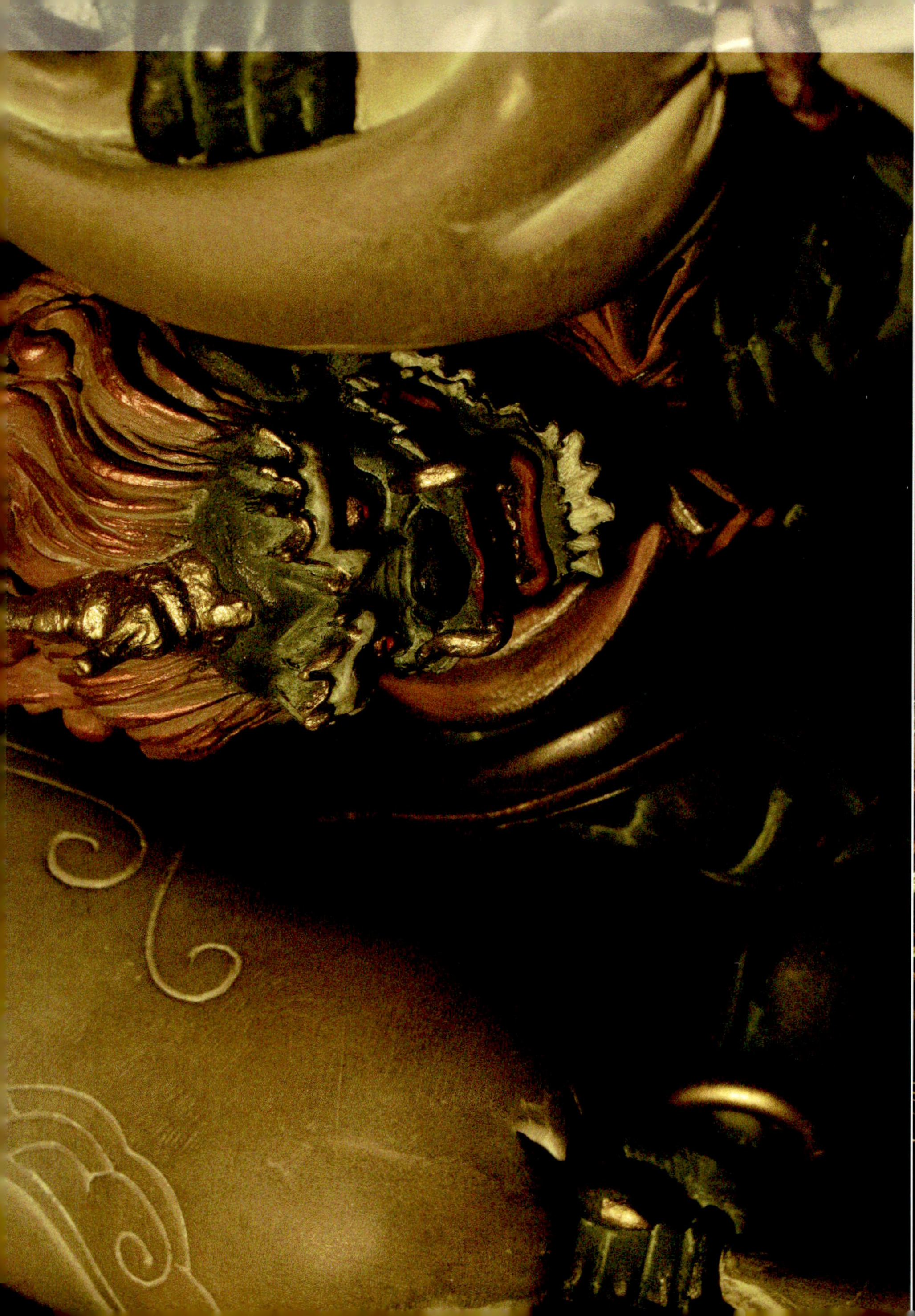

激甚！自然の脅威が鬼と化す！

根源的な神の姿を見る

はるか昔、古代人は天変地異を神の所業と考え、荒ぶる神を祭り上げ、魂を鎮めた。そうした原始的な自然崇拝から生まれたのが風神と雷神である。日本では『古事記』などに登場する八百万の神の一種であったが、のちに仏教と結びついて鬼の姿で表されるようになった。

風神は、『古事記』ではシナツヒコといい、当初は単なる風の精霊であったが、次第に風邪をもたらす鬼神とされた。人に黄色い息を吹きかけ邪気をもたらし、病気を引き起こすというのである。黄色い息とは中国からの黄砂のことと言われている。

いっぽう、雷神はもっとも原初的な自然神で、天神とも呼ばれる。今日までさまざまな雷神が伝わっているが、平安時代に雷で都を悩ませた怨霊神・菅原道真も天神（＝雷神）の一種である。その際、菅原道真の領地だった桑原だけが雷の被害を免れた。そのため、人々は雷鳴が近づくと「くわばら、くわばら」と故地の名称を言って雷除けの願掛けをしたのである。

荒ぶる神の二面性

仏教に取り入れられると、次第にユーモラスな妖怪として扱われ、四天王に踏まれる邪鬼と同じように、日本人の遊び心をくすぐる人気者となった。江戸時代には屏風絵や邦楽の題材になった。

恐ろしいはずの風神雷神が人気者となるのは不思議な感じがするが、本来、神には二面性があるものだ。大自然が恵みと災いをもたらすことと同じである。神道ではそれを和魂、荒魂と言って区別している。

天界からの邪悪な使者

竹谷版の風神雷神は、俵屋宗達の屏風絵や三十三間堂の像など過去の名作をモデルに、より力強く、より邪悪さを増した造形になっている。

両者とも不吉な黒雲に乗り、冷たい風に天衣をなびかせながら下界を見据える。その目は黄色く、怪異な視線がこちらの心に突き刺さる。まるで人間たちの悪行を眺めて蔑みの笑みを浮かべているようだ。

風神は大きな風袋をふくらませている。中に充満するのは、黄色い災いの風か、それとも諸悪を吹き飛ばす正義の風なのか。

いっぽう雷神は、両手に鞨鼓《かっこ》を持ち、ドロドロと雷鳴を鳴り響かせながら、恐怖の一撃を打ち込まんと狙いを定めている。

旅先で見られる風神雷神

清水寺（京都）……仏像としての風神雷神は、千手観音菩薩の眷属（家来）として祀られる。舞台づくりで有名な本堂の内々陣は荘厳な仏像空間。本尊の千手観音菩薩を中心に、眷属となる28体の天部たち（二十八部衆）がずらりと並び、その上部に風神雷神が配される。30神がずらり並ぶ様は圧巻だ。特別な法要時以外は非公開なので事前に情報のチェックが必須だ。

三十三間堂（京都）……ここも千手観音菩薩を本尊とする寺である。千体の千手観音がびっしりと並ぶ様は有名だ。その前列に二十八部衆が並び、千体仏の両端に控えるのが風神と雷神だ。どの像も平安～鎌倉期の傑作で非常に見ごたえがある像ばかり。何度訪れても新たな発見があるだろう。

風神・雷神の原型制作について

これはやはり俵屋宗達や尾形光琳の屏風絵が有名なのでそのイメージで立体化するのがよいと考えたのですが、その絵のままソックリに作るというよりは〝その絵がデザイン画だとして鎌倉彫刻マナーで立体化したら〟というつもりでアレンジ画を描きました。（風神・雷神像は三十三間堂のものが完成度が高いことで知られていますが、そちらに寄せるとあまりに好きすぎてソックリになってもよろしくないですし……）でも屏風絵のポーズにしようとすると、膝を折り曲げた足をギュウ～っと上げたポーズにしなきゃならなくて……その上げた足に帯やスカート状のパーツが干渉するので関節の仕込み方に難儀しました（山口さんが）。原型の造形は谷口順一氏が中心になって作業していただきました。

（竹谷）

不動明王
Fudo Myo-oh

Fudo Myo-oh

最凶！すべてを焼き尽くす炎の覇者

神をも殺す「最終兵器」

燃え盛る炎の中でギロリとこちらを睨む、残忍な眼。ゆがんだ口からはギラリと光る牙。怒りに漲《みなぎ》る腕の筋肉。すべてを破壊する悪魔のような姿で、煩悩という魔物を完膚なきまでに叩き潰す。その強さは、インドの最高神・シヴァでさえ殺したほど。いわば仏像界の「最終兵器（リーサルウェポン）」。不用意に近づけばこちらも危ない。不動明王のパワーを得ようとして命を落とした修行者は、過去に数多くいたことだろう。

唐に渡った空海は、当時最新の仏教、すなわち「密教」を日本にもたらした。その経典に描かれた仏像は、これまでにない、おどろおどろしいものだった。怪物のような身体に憤怒の形相、想像を絶する恐ろしい神の姿に、都の貴族は度肝を抜かれた。

神秘のベールに包まれた「密教」の根本をなすのは大日如来という仏。そして、大日如来が怒りの炎で変化《へんげ》したのが不動明王である。

当初は「不動」の文字のごとく、どっかりと座した姿勢であった。しかし、山岳修行に励む山伏たちが不動明王を信奉し、不動尊信仰が高まると、像容も彼らのイメージに合わせて立った姿が多く出回るようになる。

どうやら、座っているだけではこの国はままならないようだ。世にはびこる邪鬼、魔物を打ち砕くべく、雄々しく立ち上がった不動明王。発動した大いなる力は、もう誰も止められない。煩悩の泥にまみれ、汚れきった我々の娑婆世界は今、聖なる炎で焦土と化す！

怒りにゆがむ表情

明王は怒りをもって強引にでも衆生を導く尊格だ。これを「教令輪身《きょうりょうりんじん》」という。背後で燃え上がる火炎は、煩悩を焼き尽くす。右手にもつ剣は煩悩を叩き斬る。左手のロープは「羂索《けんさく》」といい、投げ縄のように衆生をからめとって仏法世界へ救い上げるのだ。

竹谷版の不動明王も、こうした基本形を忠実に再現している。さらには、筋肉で武装した、たくましい腕、そして邪悪にゆがんだ表情に引き込まれる。左目を半眼にする「天地眼」、牙をたがいちがいに出す「牙上下出」、髪をまとめ左に垂らす「弁髪」、頭頂部の蓮の花「頂蓮」なども、基本的な不動明王の儀軌《ぎき》（仏像の造形を規定した仕様書のようなもの）に沿っている。これらは、10世紀に天台宗の僧がまとめた「不動十九観」に基づくものである（真言宗系の像容は「大師様《よう》」という）。

旅先で見られる不動明王

金剛寺高幡不動尊（東京）奥殿……日本でも最大級の不動明王座像。平安時代に都から離れた関東でこれだけの像が造られた事実にまず驚く。重厚な肉体表現と悪魔的な表情に背筋が凍る思いがする。両脇に控える童子は地方らしい素朴な作りでこれも貴重。

願成就院（静岡）……名仏師・運慶が東国で腕をふるった最初の像。鬼気迫る両目。怒気のあまり固くかみしめた唇。肩をいからせ、今にもこちらに羂索を投げてきそうなほどの迫真の写実性。後の慶派・鎌倉新様式を牽引した運慶の傑作中の傑作である。

東寺（京都）講堂……日本最古、空海が自ら指揮したとされる像。日本の不動明王信仰はここから始まった。盤石を表す「瑟瑟座《しつしつざ》」にどっかりと座る座像。人智を超えた神秘性をたたえる名像である。

不動明王の原型制作について

これも“不動明王のカタチはこうあるべき”という決まりにのっとって鎌倉彫刻慶派的にまとめました。原型は鬼木祐二氏が担当しましてシリーズ中で最ワル！な表情でステキです!! パンチパーマっぽいですし！ サングラスパーツの付属を本気で検討したほどです。従者の制吒迦童子《せいたかどうじ》と矜羯羅童子《こんがらどうじ》の小さめな像もあった方が断然良いのですが、台座の火炎光背のボリュームで！ すでにコストがマズいので泣く泣く断念しました。なので、ぜひとも両脇に二童子を造形！ すると楽しいのではないでしょうか！ 不動明王を半跏趺坐させる台座を作ったり結跏趺座ポーズに改造したりも楽しいですよ、きっと！

（竹谷）

軍荼利明王
Gundari Myo-oh

Gundari Myo-oh

怪異！天竺の奥義を秘めた謎の異形神

魔王、来襲

恐怖の大王、天空より来たる！　タランチュラのような8本の腕に、からみつく白蛇、邪悪なオーラに髪は逆立ち、額に開いた第三の目が赤く光る。泣いても叫んでもだめだ。欲望に腐りきった人間どもは覚悟するがよい。

軍荼利明王は、不動明王と同じく、密教の世界で活躍する尊格のひとつである。各地の密教寺院では、霊験の強い5体の明王が集った「五大明王」というグループが祀られているが、そのリーダーが不動であり、軍荼利はそのメンバーである。五体の明王はどれも究極の忿怒相をしており、その中で個性を競っている。

なかでも奇怪なスタイルをしているのが軍荼利明王。手にはさまざまな武器を持ち、背後には炎が燃える。胸にクロスした手は、小指と親指を曲げた印相を結んでいる。これが軍荼利明王を表す独特の印相なのだ。

奇怪な怪物の正体

軍荼利明王はインドのヨーガで生命力の根源とされる「クンダリニー」に由来する。ヨーガによって体内に流れるクンダリニーが覚醒。これを蛇が頭をもたげる様子になぞらえて、蛇がクンダリニーの象徴とされた。軍荼利明王に蛇が巻き付くのはそのためである。

また、クンダリニーの覚醒によって得られる甘い蜜が「甘露」である。軍荼利明王は、この甘露をもたらすとされ、甘露尊ともよばれる。

つまり、恐ろしい形相をした軍荼利明王は、じつは生命力をもたらす尊格なのである。そのため日本では医薬の仏として祀られることがある。これだけ恐ろしい姿であれば、病をもたらす邪気は簡単に退散してしまうだろう。

力と美のバランス

竹谷氏の造形は、有名な東寺の尊像をモデルにしている。しかし、腕はより太くがっしりとして、顔つきはより現代的だ。その目は真理を見抜く真摯な表情をしていて、頼もしさを感じる。青黒い身体に美しい衣を纏《まと》うが、腰に巻くのは虎の皮。そして虎の皮をしばる帯紐が白蛇になっていて、頭をもたげているのがおもしろい。

手にもつ武器は、金剛杵の先が三つに割れた「三《さん》鈷杵《こしょ》」、そして宝輪を掲げる。戟や鉞もある。台座は「踏み割り蓮華《れんげ》」という形で、片足ずつに蓮の花が当てがわれる。これは、自在に虚空を飛ぶ像によく使われるスタイルで、リボルテックの特性を生かして、バランスよくアクティブなポーズをとらせてほしい。

旅先で見られる軍荼利明王

東寺（京都）……平安時代初期に空海が伝えた密教像が並ぶ。とくに明王像は後の時代の手本となる基本形にして、完璧な造形を表した完成形ともいえる。軍荼利明王は、怪物的な顔つきと巻き付く蛇の不気味さが存分に表現され、特撮怪獣映画を見る思いである。一方で、過剰なまでに盛り上げられた髪や、アシンメトリーに広げられた8本の腕が破綻なく造られ、古人の驚異的な技術の高さを知らされる。

常楽院高山不動尊（埼玉）……軍荼利明王を単独で祀る寺もいくつかある。中でも埼玉県の常楽院は有名。山深い道と長い石段を登った奥の収蔵庫に安置されており、年に一度、冬至の日だけ公開される。2メートルを超す巨像で、がっしりとしながらすらりと伸びた脚が特徴。素朴な力強さを感じる地方仏の傑作。

軍荼利明王の原型制作について

これもいろんな像を参考にしながら、昔描かれた絵からも要素を読み取って再構成アレンジしました。シリーズ中最多の八臂（8本腕）で根元の関節の取り合いに苦労しました（山口さんが）。本体の原型制作は鬼木祐二氏、持道具の原型制作は高木健一氏。台座の踏み割り蓮華《れんげ》の原型制作は辛嶋俊一氏に3Dデータで作っていただきました。

不動明王、軍荼利明王、と来たので五大明王を全部出したいのですが、金剛夜叉明王と降三《ごうざん》世《ぜ》明王はなんとかなるにしても……大威《だいい》徳《とく》明王がけっこうデカい牛にまたがっててオマケに6本足なんですよねー、どうすればいいですかねー、8000円こえちゃいますよねー……。（竹谷）

十一面観音菩薩

Juichimen-Kannon-Bosatsu

Juichimen-Kannon-Bosatsu

Juichimen-Kannon-Bosatsu

出動！　仏像界の美しき貴公子《プリンス》

成し得なかった夢の実現

寺院で見る十一面観音菩薩は、たいてい片足を半歩前に出し、姿勢を斜めにとっている。これは、救済活動に出向こうと一歩踏み出す瞬間を捉えた表現だ。

これまでの仏像では、半歩踏み出す程度の微妙な姿勢であった。しかし、リボルテックなら制約はない。股関節まで自由に動く特性を存分に活用して、現場に向かって「出動」するアクティブなポーズをとらせてもおもしろいだろう。これまで仏像ファンが頭の中で想像するしかなかったポージングが、今、現実にこの手で実現できる。これは仏像の歴史を塗り替える一大エポックと言ってよい。

竹谷版の十一面観音を見ると、その表情は静かではあるが、目の奥には、鋼《はがね》の意志をたたえている。燃える思いを胸に秘め、内面的な強さを全身から感じ取ることができる。

仏像界の大人気スター

ほかのリボルテック作品に比べて、この像は表情がクールで体つきがしなやかである。これが「菩薩」の特徴で、もともとは釈迦が王子だったころの姿をモデルとしている。菩薩とは、その先にある大きな悟りに向かって目下活動中という尊格。なかでも観音菩薩は、一般にわかりやすい現世利益と自在に変化《へんげ》するという特徴から絶大な人気を得、寺では（江戸時代までは神社でも）本尊として祀られることが非常に多い。いずれにせよ、仏像界の主役であり大スターであることは間違いない。

強面の四天王たちや怪物の顔をした迦楼羅、風神雷神などを従えて、中央に君臨する貴公子《プリンス》。それが彼の生まれ持っての格付けなのである。

性倒錯のアンドロジナス

十一面観音菩薩とは、観音菩薩が姿を変えた「変化《へんげ》観音」の一種だ。

観音菩薩は、衆生（＝民衆）の救いを求める声を聞き取り即座に救済をもたらすとされる。その聞き取る能力をさらに高めたのが十一面観音。すなわち、頭上の小面が360度に配置され、衆生の声を漏らすことなく確実にキャッチすることができるのだ。この「全方位パラボラアンテナ方式」が十一面の真骨頂。観音菩薩のバージョンアップ版なのである。

また、本来男性であるはずの菩薩だが、十一面観音は艶めかしい女性的な姿で表現されることが多い。倒錯したエロティシズムさえ感じる、アンドロジナス的な魅力も仏像ファンの心を捉えてやまない。

旅先で見られる十一面観音菩薩

向源寺（滋賀）……「十一面観音の里」と言われる湖北地方を代表する像。しなやかな腰のくびれが艶めかしく、へそを出した薄手のスカート（裙）が下半身にまとわりつき、セクシーな姿態で見る者を誘惑する。しかし顔つきは厳しく、エロスと厳粛さの相乗効果で、高次元の官能美を体験できる。ふわりと飛び立つ瞬間を見事に捉えた全身表現も見事。

聖林寺（奈良）……奈良の大仏や阿修羅が作られた「天平時代」の傑作。豊かな肩の張り、引き締まった腰のくびれ、すらりと伸びた下半身など、均整のとれたプロポーションが美しい。もとは大神《おおみわ》神社の本地仏として祀られていた。ひらひらと舞う天衣、しなやかな指先など繊細かつ優美な表現も注目だ。

十一面観音の原型制作について

コワ顔ばかりが続いたのでここで一つ優しい表情の仏像を、ということで十一面観音菩薩になったのですが、いろんな像の要素を合成したはずなのにけっこう同じようなのが多くて……まとめてみるとあまりアレンジを効かせられてない分、今までで一番仏像らしい気がします。

原型の作業は、下半身のスカート状になってるパーツの分割と関節仕込みが意外と大変で手間取りました。本体の原型制作は鬼木祐二氏でやっぱり顔がさすが！　頭上の小さい顔なども素晴らしいです！　台座の蓮華は辛嶋俊一氏に3Dデータで作っていただきました。これを手作業で作ることを考えると……ああ考えたくもありません！ 辛嶋さんありがたや！ ……でも昔の人は手作業で作ったんですよね、すごいなって思ってます。（竹谷）

リボルテックタケヤ改造計画

ポーズをあれこれ変えながら楽しむのもリボルテックタケヤの魅力の一つなら、改造もフィギュアの遊び方の一つ。初公開の「深沙大将」をはじめ、度肝を抜く「阿修羅」と「麒麟」の合体など、匠の技をとくとご鑑賞ください。竹谷隆之氏ご本人に解説もしていただきました。

金剛力士 改造
深《じん》沙《じゃ》大《だい》将《しょう》

金剛力士原型：鬼木祐二
改造：竹谷隆之
彩色：山口隆

凶悪表情で六つの髑髏を首から下げ、腹部には人面瘡のごとく浮かぶ童子の顔、足には象の頭でできた膝当！ そして腕には絡みつく蛇（ほんとは左腕にだけらしいのですが、勢い余って…）!! とハデなんですが、知名度が今ひとつということで製品化が先送り中なのでここぞとばかりに鬼木さんの金剛力士を改造してみました。砂漠に現れて天竺に行く途中の三蔵を助けた、沙悟浄のモデルともいわれる護法神。前世はかなりのワルだそうです。

深沙大将改造途中

①彩色途中の全パーツ。金剛力士のレジン複製を加工。台座はオーブン粘土で。②パーツを仮組みして様子見中。③童子の顔はオーブン粘土で作ったものを複製して使用。④金剛力士（阿形）の髭を削り落としてからエポキシパテで顔や髪を足し算造作。⑤手近から使えそうな大きさのドクロを集めてみたが…結局この中の１つを改造・複製して使用。⑥膝の象頭は藤岡ユキオ氏が昔作ったものの複製をいただいて改造。感謝です。

阿修羅・麒麟改造
半馬天・阿修羅

阿修羅原型：鬼木祐二／麒麟原型：福元徳宝／改造：竹谷隆之／彩色：山口隆

関節を抜き差しできるリボルテックの特性を活かし、阿修羅と麒麟の合体ワザでケンタウロス型に。改造・竹谷となってますが…山口さんが塗った金色阿修羅の上半身を麒麟に挿しただけ!?

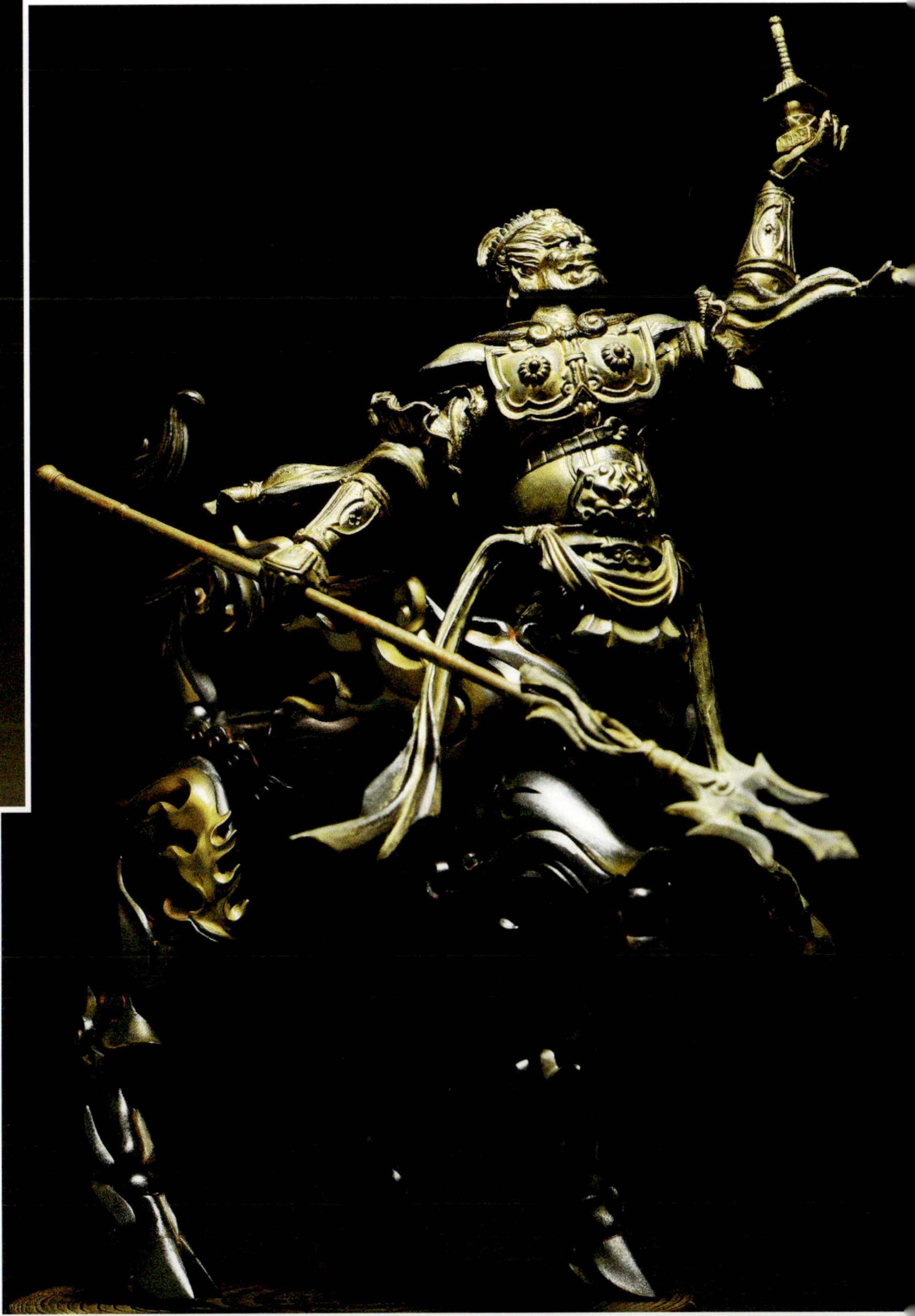

多聞天・麒麟 改造
半馬天・毘沙門

多聞天原型：鬼木祐二／麒麟原型：福元徳宝／改造：竹谷隆之／彩色：山口隆

多聞天は四天王のひとりとしてではなく単独の場合は毘沙門天と呼ばれるそうです。そして半分馬の天部だから半馬天（麒麟ですがそこはそれ）。麒麟のちゃんとした姿は111ページに載ってます。

不動明王 彩色替え

赤不動

原型：鬼木祐二
彩色：山口隆

不動明王の絵や像のなかには、体を赤く塗られているものもあって「赤不動」とよばれるそうです。製品の体色は多数派の青にしましたが、赤はインパクトありますし似合いますからこの場を借りて。

不動明王 彩色替え

黄不動

原型：鬼木祐二
彩色：山口隆

赤不動と同じく、不動明王の絵や像には体色が黄色だったり金で塗られているものもあり、「黄不動」とよばれます。金色の仏像の多くは、漆箔とよばれる技法で漆を塗って金箔を貼っているそうです。

阿修羅 彩色替え
金阿修羅（漆箔調）

原型：鬼木祐二／彩色：山口隆

やはり仏像といえば金色！ ですが、人気の阿修羅が金色というのは見たことがない気がしましたので（知らないだけかも）。

多聞天 彩色替え

金毘沙門天（漆箔調）

原型：鬼木祐二／彩色：山口隆

半馬天のところでも触れましたが、多聞天は四天王としてではなく、単独の場合は毘沙門天とよばれます。スペシャルワンなので金！

軍荼利明王 改造

金剛夜叉明王

原型：鬼木祐二／改造：鬼木祐二

五大明王で製品化できたのが不動明王、軍荼利明王ときたので次は金剛夜叉明王！　正面顔は五つ眼です。持物は高木健一さんに作っていただきました。あとは降三世明王、大威徳明王ですが、どうする大威徳が乗ってるデカい牛!!

リボルテックタケヤの世界

REVOLTECH TAKEYA WORLD

坤

対談、インタビュー、アレンジ画、構造検討図

ZETMAN、ゲゲゲの鬼太郎、新シリーズ

Dialogue, Interviews, Arrangemen, Drawing,

ZETMAN, Gegege no Kitarou, New series

竹谷隆之氏 VS 仏像コラムニスト 宮澤やすみ氏

リボルテックタケヤと仏像の楽しみ方を語る

2014年早春の某日、千葉県九十九里浜にほど近いお寺・勝覚寺《しょうかくじ》の釈迦堂にて竹谷隆之氏と宮澤やすみ氏が対峙することとなった。片や造形家として、片や仏像コラムニストとして、共に仏像を愛する2人が、関東でも屈指の四天王像の前で語ったのは……？

勝覚寺 釈迦堂にて

竹谷：うーん、これは凄いですね。千葉にこんな大きな四天王がいるとは知らなかった……。

宮澤：いいでしょ？ お像ももちろんなんですけど、このお堂の空間がいいんですよ。この場にいるだけで、気持ち良くなってくると言うか……。竹谷さんは、これ（リボルテック）作るときは、実際どこかに（仏像を）見に行ったりは？

竹谷：実際に見に行くこともないわけじゃないですけど、主に写真ですね。山口さんはいろいろ見に行ってますけど。

宮澤：背中の写真とかってどうするんですか？

竹谷：大体は資料がありますね。

宮澤：じゃあ竹谷さん自体はあまり出歩かないタイプなんですね。

竹谷：そうですね、出不精ですね。

宮澤：今日現物見ると違うでしょ？

竹谷：そうですね、ここの像は大きさもありますし、とにかく迫力があって。

宮澤：木造のお堂で見るとまた格別なんですよね。同じお堂でお線香の香りを嗅いで、お近づきになった気がしちゃう。

竹谷：千葉って仏像は結構多いんですか？

宮澤：そうですね。中でもここは代表。ご本尊は拈華微笑[※2]の釈迦如来で、脇侍として阿難《あなん》[※3]・迦葉《かしょう》、そして釈迦如来を守護するのが、四天王ですね。それと、今は修理中ということで見られないんですが不動明王像もおられるんで、本堂内に仏像が8体。ご住職もお話されていましたけれど、かなりの仏密度です。

竹谷：これが全部、運慶[※4]作？

宮澤：と、伝えられているそうです。ただ、この四天王像は、なぜこのお寺にあるのかがはっきりしない。お寺の伝承では、運慶が竜宮の竜王に捧げるためにこの四天王像を彫りあげて、鎌倉の海に流したんだそうです。それが九十九里[※5]の浜に流れ着いたと。

竹谷：ははぁ……なるほど。僕はこれ（リボルテック仏像シリーズ）のためにいろんな資料を参考に

してるんですが、やっぱり鎌倉期の慶派の仏像がね。一番迫ってくるというか、朴訥《ぼくとつ》で、すごく力強い魅力があって……。

宮澤：あぁ、わかります。

竹谷：後はこの……年輪と言うか、経年変化ですね。数百年を経たモノが出してくる説得力というか存在感にはものすごく惹かれるものがあります。この四天王像はもちろんですけど、別棟にあった賓《びん》※6頭《ず》盧《る》尊者像なんか、もう究極の経年変化で、細部なんかもう全然わからなくなってるんだけど、それがまたとてもいい味を出してる。そういう雰囲気を再現できればと思うんですけど、これがなかなか難しい。

宮澤：うーん、それはサイズの問題もあるんじゃないですか？ このリボルテックの……原型でしたっけ？ 原型も原寸大というか商品と同じサイズで作ってるんですか？

竹谷：そうです。僕がまずデザイン画を描いて、それを何人かで立体化してますね。顔に関してはた

※1 **山口さん** 山口隆氏。竹谷氏と共にリボルテックタケヤシリーズの製作総指揮を務める。P90～のインタビュー参照。

※2 **拈華微笑** 釈尊（お釈迦様）が弟子である迦葉尊者に法脈（教え）を伝えたという伝説のこと。この場合は、弟子に法脈を伝えた際の釈尊の姿（左手に蓮華を持っている）を象っている像であることを意味する。

※3 **阿難・迦葉** 阿難尊者・迦葉尊者。共に釈尊の十大弟子として知られる仏教における聖者。阿難尊者は阿難陀（あなんだ）、迦葉尊者は摩訶迦葉（まかかしょう）とも呼ばれる。勝覚寺釈迦堂では、釈迦如来の脇侍としてこの二尊者像が配されている。

※4 **運慶** 平安時代末期から鎌倉時代に活躍した仏師（仏像作成者）。同門の快慶と並んで、鎌倉時代の彫刻界を代表する人物とされる。やはり仏師である父・康慶、快慶と共に、後に慶派と呼ばれる様式を完成させた。奈良円成寺の大日如来像、興福寺北円堂の弥勒如来像など、数多くの作品を残している。

※5 **九十九里の浜** この四天王像が流れ着いた場所の地名を「四天木（してぎ）」といい、古くは「四天寄」、すなわち四天王が寄り付いた地と書いたという。また、勝覚寺周辺には、巨大な四天王像を土地の者が総出で運んだ際の騒動にちなんだといわれる地名が多い。

※6 **賓頭盧尊者** 釈尊の弟子である十六羅漢のひとり。日本ではびんづるさま、びんづる尊として各地で親しまれている。その像の多くが撫で仏として奉られており、病んでいる部位をなでることで病苦を取り除いてくれるとされる。写真は竹谷氏の言にあった勝覚寺所蔵の賓頭盧尊者像。

於 真言宗智山派・萬徳山聚楽院勝覚寺

今回対談の場を提供してくださったのは、千葉県山武市にある真言宗のお寺・勝覚寺。境内の釈迦堂には、ご本尊である釈迦如来像とそれを守護する四天王像が安置されている。この四天王像は鎌倉時代の大仏師・運慶の作という言い伝えがあり、各像が 2m を超える巨大な木彫像である。800 年以上もの長きに渡り、地元の人々に親しまれており、勝覚寺の通称である「してんさま」の由来ともなっている。

勝覚寺HP：http://www.shokakuji.com

いてい鬼木[※7]さんが担当してます。鬼木さんのやり方だと、最初はワックスっていう蝋みたいな素材であらかた作ってからその型をとって、樹脂でそのパーツを作ってから、細かいところを仕上げていくという感じです。

宮澤：なるほど。いや、このサイズで髪の毛とかもすごい細かいのは素晴らしいですよ。

持国天

竹谷：最近は大きく作ってスキャンしてサイズダウンっていう方法もできることはできるんですけど、やっぱりその現物の大きさで作らないとね。縮めてみたときに雰囲気が変わることもあるので。

宮澤：基本サイズがこの大きさっていうのは海洋堂さんの指示なんですか?

竹谷：そうですね。だいたい3000～4000円くらいっていう決まりがあって、それ以上高かったらそんなに売れてくれないだろうっていう。あと、リボルテックは仏像じゃないものも含めて関節として使うパーツが決まってるんですよ。「リボルバージョイント」って言うんですけど、この関節パーツから全体の大きさを割り出します。

宮澤：あんまり大きいと売れてくれないですよね。

竹谷：そのあたりをあまり考えないで、たとえば30センチくらいで大きく作ったりもしてみたいですねー。でもやっぱり値段が高くなっちゃうんで……。金型代などのコストもかかりますし……。小さいのも小さいなりにもちろんいいんですけど。

仏像をリボルテック化する難しさ

――宮澤さんから見て、リボルテック仏像シリーズのラインナップはどうですか?

宮澤：キャラクター性とかから考えると、すごく納得できるものだとは思いますね。ただ、ご本尊となりうる像が増えると嬉しいですけど。

竹谷：今、ご本尊になるのは……。

宮澤：十一面観音と、あと不動明王。あと毘沙門天（多聞天）も本尊になることがありますね。最初のリリースが四天王と阿修羅で、写真とかだと阿修羅が中心になっていることが多かった

多門天

と思いますけど、阿修羅は天部※8なんで、その周りに四天王という配置は仏教的にはあり得ないんです。リボルテックの場合は、ワンカットで阿修羅と四天王が入ってると、色のコントラストもあって非常にカッコイイのは確かですけど。

竹谷：うん。最初はね。やっぱりインパクトが必要だったんで、阿修羅。あとは仏像的な甲冑のカッコよさと、コレクション性を考えて、四天王と。

宮澤：やっぱり派手というか、動かして面白い造形の神仏からになりますよね。でも十一面観音になると、こう静的な魅力もあって非常にいい感じだと思います。この調子で次は如来像あたりをお願いしたいです。

竹谷：もちろんいずれは……とは考えてるんですけど、五大明王※9もやりかけですし、いつになるのかな。

宮澤：あぁ、そうか。五大明王は揃えたいですよね。ぜひ完成させて下さいよ。

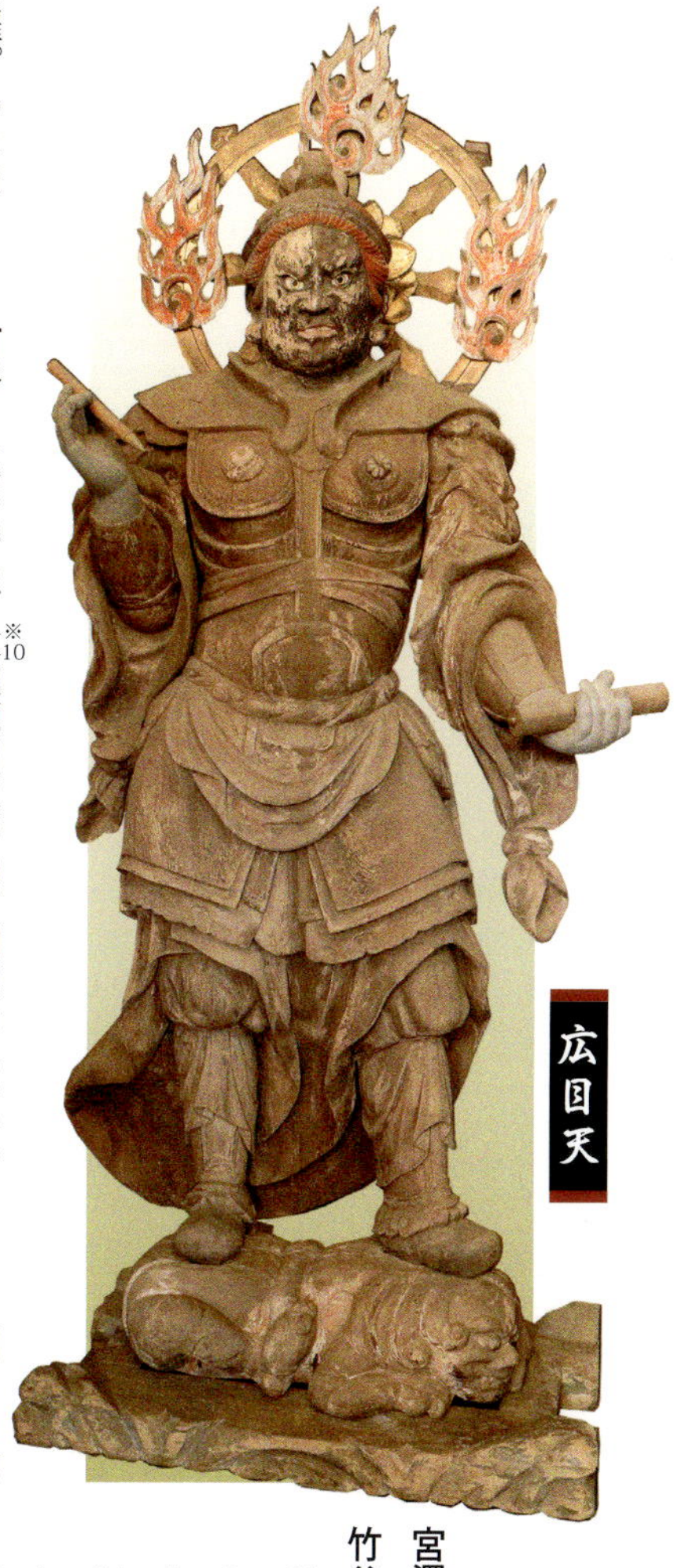

竹谷：ただねぇ、大威徳明王※10がね、問題なんです。牛に乗ってるじゃないですか。あれをどうしたらいいんだっていうね。

宮澤：お寺さんによって（牛が）立ってたり座ってたりしますけど、座ってても大きいですからね。でも、何とかしてほしいなあ。

竹谷：あと難しいのは、釈迦如来とか弥勒菩薩とか、どちらかというと静的な像の場合、衣装の問題があるんです。たとえば半跏像※11とか。あれをリボルテック化しようとすると、衣服を動かすのが大変なんですよ。下半身の布がスカート状になってて、その中の足を動かすようにするには、（衣装のパーツを）割るしかなくて。

宮澤：確かに坐像などの場合は、考えないといけないですよね。

竹谷：そうなんです。企画段階だと、たとえば、鎌倉の大仏であるとか座ったものが立って歩けるといいよねって話もあったんですけど。

宮澤：夢ですね。

竹谷：動かないものを動かすという話だとしたら、座ってるものを立たせるっていうのはありだし、面白いと思うんです。でも物理的な制約があるから、どっかで割りきらないといけない……。下半身を別に用意して、座ったのと立ったのと二種類つければいいじゃないですかっていう意見もあるんですけどね。でも山口さんが「いや、ダメです。交換パーツついてるのキライなんです」っていうこだわりもあって。

宮澤：（リボルテックの）不動明王は座れるんでしたっけ？

竹谷：座れないですね。不動明王の場合は、坐像もそれなりに有名ですけど、これは立像のフィギュア化ということで。

※7 **鬼木さん**　造形家・鬼木祐二氏。リボルテックタケヤの原型制作担当のひとり。九州在住。

※8 **天部**　仏教上の神仏の階位において、如来、菩薩、明王の下に置かれる神々を指す。インド神話などから仏教に取り込まれ仏法の守護者となったものが多い。帝釈天、四天王、十二神将、二十八部衆などが天部とされる。

※9 **五大明王**　密教における神仏である明王の中でも中心的存在として信仰される5人の明王を指す。真言密教では五大明王は、不動明王、降三世明王、軍荼利明王、大威徳明王、金剛夜叉明王となる。

※10 **大威徳明王**　西方を守護するとされる五大明王のひとり。六面六臂六脚の姿で、水牛に跨って現れるとされる。

※11 **半跏像**　台座に腰かけ、右足を左の腿に載せ、さらに右ひざに右ひじを付けて右手の指先をほほに触れるようにして思索する姿を象った弥勒菩薩の像。「弥勒菩薩半跏思惟像」ともいう。

宮澤：うんうん。

竹谷：同じ神仏でもポーズや装飾にはいろいろあるのはわかってるんです。同じ毘沙門天でも、たとえば※12兜跋《とばつ》毘沙門天ってありますけど、なんか佇まいも全然違って。でもリボルテックとして出すなら、やっぱりみんながわかる形を元に造形するべきだろうと。

宮澤：確かに、兜跋毘沙門天は、服装も台座も違ってますね。地天女とかもいっしょにいますし。

竹谷：あれはどうしてなんですかね？

宮澤：もともとは、毘沙門天が中央アジアの西域を征伐するときに、あの姿で現れたという伝承からですね。辺境の異民族を仏教で抑えるっていう意味がある。だから日本でも、朝廷が蝦夷を従えるって意味で、東北に兜跋毘沙門天が再現されたんですね。国の政治にこの四天王さんを利用してたっていう。

竹谷：いつごろに？

宮澤：成立は4世紀頃と言われてます。もちろん中国から渡ってきた思想で、四天王を信ずる国王がいれば、その国は安泰だっていう。

竹谷：東西南北に配置されてる意味っていうのは当時からあったんですか？

宮澤：ありましたね。本来この方（多聞天）が北なんですけど、立ち位置がずれてるんですね、45度。北方守護なんだけど、実際は東北の方に向かって立ってる。

竹谷：ああ。

竹谷隆之氏

宮澤：日本の場合、神仏習合のせいもあって[※13]、本来の神仏からずれるというか、変っちゃってることも多いですけど、たどれば中国・インドに行き着きますね。方角とか色の意味とか。

竹谷：神仏習合の時のお寺とか神社って、ちょっと行ってみたいですよね。どういうことになってるのか想像できなくて。ただ一緒においてあるっていうことなんですかね。

宮澤：そうですよ。平安時代からしばらく、神社とお寺の区別はあいまいで、神社の境内に神社を管理するための寺があったりするのは当たり前でした。これが神宮寺ですね。逆に寺の境内に、寺を守る鎮守の神様がいたりとか。それが完全に一緒になったのが、修験道[※14]ですよ。高尾山とか。

竹谷：今でも高尾山ってそうですよね。

宮澤：そうです、強制的にやめさせられたんですけど、明治10年に復活しまして。明治政府って、お寺を廃仏毀釈《きしゃく》[※15]していって神社で国を統一しようって動きがあって。

仏像に〝触れる〟ということ

竹谷：その当時壊された仏像全部残ってたらよかったですよね〜。壊さなくてもねぇ。もちろん残ってるものとかあるけど、もったいないと思わないのか、って。

宮澤：そうですね。一方では必死に守ろうとしたところもあるって聞きますけどね。

竹谷：ああ、埋めたとか聞きますもんね。美術として保存しておこうっていうのはなかったのかなあ。

宮澤：昔は信仰オンリーだったってことですよね。よもや美術品としようとは思わない。僕らはかっこいいとか写真撮っていいですか？　とかいうけど、昔の人は見ることさえいけないこと、みたいな。

竹谷：写しとるっていう考えがもう駄目なんですかね。そういう人たちから見ると今は罰当たりなのかなー。

宮澤：ただ、御開帳[※16]というのがあって、普段は見られないんだけど、特別なときは見られる。遠くの人にはごくたまにですけど出開帳とかもあって。仏さまのほうから来てくれるとかね。

宮澤やすみ氏

※12 **兜跋毘沙門天**　毘沙門天像の中でも、金鎖甲と呼ばれる鎖編みの鎧を身に付け、地天女と2匹の鬼を従えている像を指す。なお、毘沙門天とは多聞天の別名。四天王のひとりとしてあげられる場合は多聞天、単独で信仰される場合は毘沙門天と呼ばれる。

※13 **神仏習合**　6世紀に起こった仏教の日本伝来によって、日本古来の信仰と仏教の教えとが混じり合っていった現象を指す。
　当初は仏も外来の神の一種として考えられた向きもあるが、次第に神道の神々も仏法を守護する天部であるという考えが強くなり、仏教と神道の境はあいまいになっていった。

※14 **修験道**　山岳信仰と仏教の混交によって生まれた日本独自の宗教。仏教的な側面が強く、権現、明王などを主神とすることが多い。修験道を修める者＝修験者は、一般には山伏として知られる。

※15 **廃仏毀釈**　仏教寺院や仏像を打ち捨て、出家者の特権を廃すること。一般には神道と仏教との分離を目的として明治政府が行った全国寺院の統廃合や仏教施設・仏像の破壊を指す。

※16 **御開帳**　仏教寺院において、平時は公開されない本尊などの仏像を拝観できるようにすること。その仏像を本尊とする寺院以外の場所で行われる場合には、出開帳と呼ぶ。

竹谷：あぁ、縁日とかあったんでしょうね。
宮澤：その通りです、やっぱりお客さんが行くより、仏さんが来てくれたほうが便利だし。お江戸での出開帳の会場は、回向院がメインで、あとは浅草寺です。ああいう大きいところに、地方のたとえば長野の善光寺のご本尊とかがたまにやってきて、御姿を見ることができる。やっぱり、見ちゃいけないものを見れるっていう楽しみは昔も今もあるんですね。江戸時代は、お寺詣でがレジャー化してたっていう。
竹谷：それだけ平和だったんでしょうね。
宮澤：あとお寺が経営も大変だから、仏さんに頑張って稼いでもらわないとっていう。この辺も今と変わりませんよね。
竹谷：ある意味これが彫刻物だからというわけではなく、なかなか見れないものだから面白かったというのもあるのかな。
宮澤：それから病気治してもらいたいとかのお願いごともあったんでしょう。いつも拝んでる神様・仏様じゃいまひとつ効かないから珍しいのが来たら頼んでみようと。最近なんかはパワースポットとか好きな人増えてきたから、いよいよ江戸時代と変わらなくなってきた。昔は、「あの仏様に願ったら眼病が治った！」とかあったわけですよ。
竹谷：そういう、神聖なものとか有難いものは見てはいけない、触ってはいけないというのはわりと普遍的な考えなんですかね？
宮澤：日本ではとくに、「穢れ」を徹底的に避けるという感覚があるので、ご神体とかそういう核心部分への接触をタブー視する考えが強いんですね。だから仏像を造っても秘仏として隠しちゃう。ただ、その一方で尊いけれど身近なものもあるわけです。お地蔵さまとかね。東京のし[※17]ばられ地蔵なんかは、触るどころか縄でぐるぐる縛っちゃう。あと、さっきもちょっと話に出た賓頭盧さまなんかは、ごしごし触っちゃう。ご住職のお話だと、漁をするときに持ち出して船の舳先に縛り付けてたりもしてたらしいですし。
竹谷：触れちゃいけない場合と、触れてもOKな場合があるわけですね。
宮澤：タブーもあるんですけど、その反面でベタベタ触ったりとか。その距離感に二面性があるんですね。不思議といえば不思議ですけど。だから、リボルテックタケヤの仏像をあれこれいじくるのも、罰当たりってわけじゃないんです。むしろ、大いに遊び倒して欲しいですよね。
竹谷：まあ本物ではないですしね。ネットとか見るとキックとかパンチとか、ハデなポーズで写真撮ったり、阿修羅にフライパンやらお玉やら持たせて料理させてたり、もうこっちの想定を超えていろいろ楽しんでくれてるみたいで。
宮澤：そういうのは本来の意図じゃないんですか？
竹谷：うーん、まぁ考えていたのはもう少し地味な感じですかね。もっとこう仏像本来のカッコ良さというか……。あーでも、原型作ってるときは可動域とか増やそう増やそうとしちゃうんですよ。このぐらい動けば十分かなと思うと、山口さんが「いやここまで上がらないとダメです！」とか。だから、やっぱり動かしたりポーズ決めたりもして欲しいのかも。
宮澤：うん。やっぱりね、本物の木の仏像ではできないことができるのは楽しいですよ。こう言っちゃうとアレなんですけど、神聖なものでハチャメチャに遊んじゃうっていうことにはカタ

持国天

多聞天

ルシスがありますから。恐れ多いんだけど、いけないことしてるみたいなのがたまらんのですね。煩悩湧き上がります。

仏像配置の作法など

——宮澤さんの方から、現在のリボルテックタケヤの仏像の飾り方や楽しみ方のお勧めとかありませんか？

宮澤：そうですね。あまりこだわらなくていいとは思うんですが、一応仏像の配置にも決まりごとがあるんで、それを抑えておくといいかもしれないです。ざっくり言うと、まず、十一面観音が本尊になり得る仏なので、それを真ん中に。で、四天王をその周囲に配置。それを主軸にやったらあと自由に遊べるんじゃないかと思いますね。あとは、金剛力士像が門番として最前列の左右に。これで前後の奥行きが出ますからジオラマ的にもいい感じになるんじゃないかな。

竹谷：そうすると、他の風神とか雷神とかは。

増長天

広目天

宮澤：風神、雷神、阿修羅、迦楼羅あたりは四天王の左右ですね。明王系はちょっと微妙なところで、本格的にやるんだったら、不動明王を十一面観音の少し前に置くんですね。明王は本尊に成りえます。四天王を周囲に置いたら派手でいいですね。基本的に四天王はお釈迦様の守り神ですが、実際のお寺ではそのへんのルールはゆるいです。

竹谷：そういった作法に合わせて飾るには、もっとラインナップを増やしていかないとダメなんでしょうけど、うーん、先は長いかなぁ。

宮澤：今のラインナップだと、メジャーだけど仏教界のヒエラルキーではわりと下の方々が多いんで、これからはお偉いさんとか中間管理職とか出してもらえると面白いんじゃないかと思います。個人的には帝釈天がぜひ欲しいですね。原稿[※18]にも書かせていただいたんですけど、帝釈天って四天王の上司で、阿修羅とは敵同士だったっていう。非常においしい立ち位置なんで。

竹谷：しかも女好きで、阿修羅の娘に手を出したりしてるんでしたっけ。

宮澤：むっつりスケベだったんですね。インド神話によると、インド中の美女を千人斬りしたとか。そうそう、セクシー方面で言うと、是非とも女性の像が欲しいですね。弁財天とか吉祥天とか。たとえば江の島には、裸弁財天[※19]ってオールヌードの像があるんですけど、ああいうのはどうですか？

竹谷：セクシー系も面白いですよね。そっち方面の伝説とかもいろいろあるみたいだし。ただ、このシリーズの場合、いわゆる一般的な意味での日本風仏像の文脈からは外れない造形で行こうと思ってますんで、やるなら別のシリーズとかになるかな。やってみたいのはやってみたいですけどね。帝釈天は、やっぱりさっきも言ったように衣装の問題がね。これも今後の課題なんで、なんとかしたいとは考えてます。

宮澤：なるほど、それじゃ今後も仏像とよろしくお付き合い下さいということで。

竹谷：そうですね、ご指導よろしくお願いします！

※17 **しばられ地蔵**　願掛けのために縄で縛り、願いがかなったらその縄をほどくという地蔵像。名奉行として知られる大岡越前の事績にちなむとされる、葛飾区の南蔵院のほか、東京都文京区の林泉寺、品川区の願行寺などが有名である。

※18 **原稿**　宮澤氏が担当した、本書6ページからの仏像解説のテキストを参照。

※19 **裸弁財天**　神奈川県藤沢市の江島神社に祀られている弁財天像。日本三大弁天のひとつ。一糸まとわぬ全裸体の女性像で、裸身に琵琶を抱えている。鎌倉時代中期の作とされる。

リボルテックタケヤのために描かれたアレンジ画・構造検討図 壱《いち》

この仏像のシリーズを始めるにあたって、山口隆氏と話し合って造形的な作法をある程度決めました。鎌倉期の彫刻（特に慶派的な造形）が持つムードを大切にしつつ、可動関節フィギュアとして成立させる、というものです。個人的にはもっとゴリゴリとアレンジを効かせた自由で新解釈なヤツもやってみたくはあるのですが、ひとりよがり度が高いとユーザーの皆さんに買っていただけないので、まずは「動く仏像を楽しむ」というコンセプトを大事に。

金剛力士・吽形

金剛力士・阿形

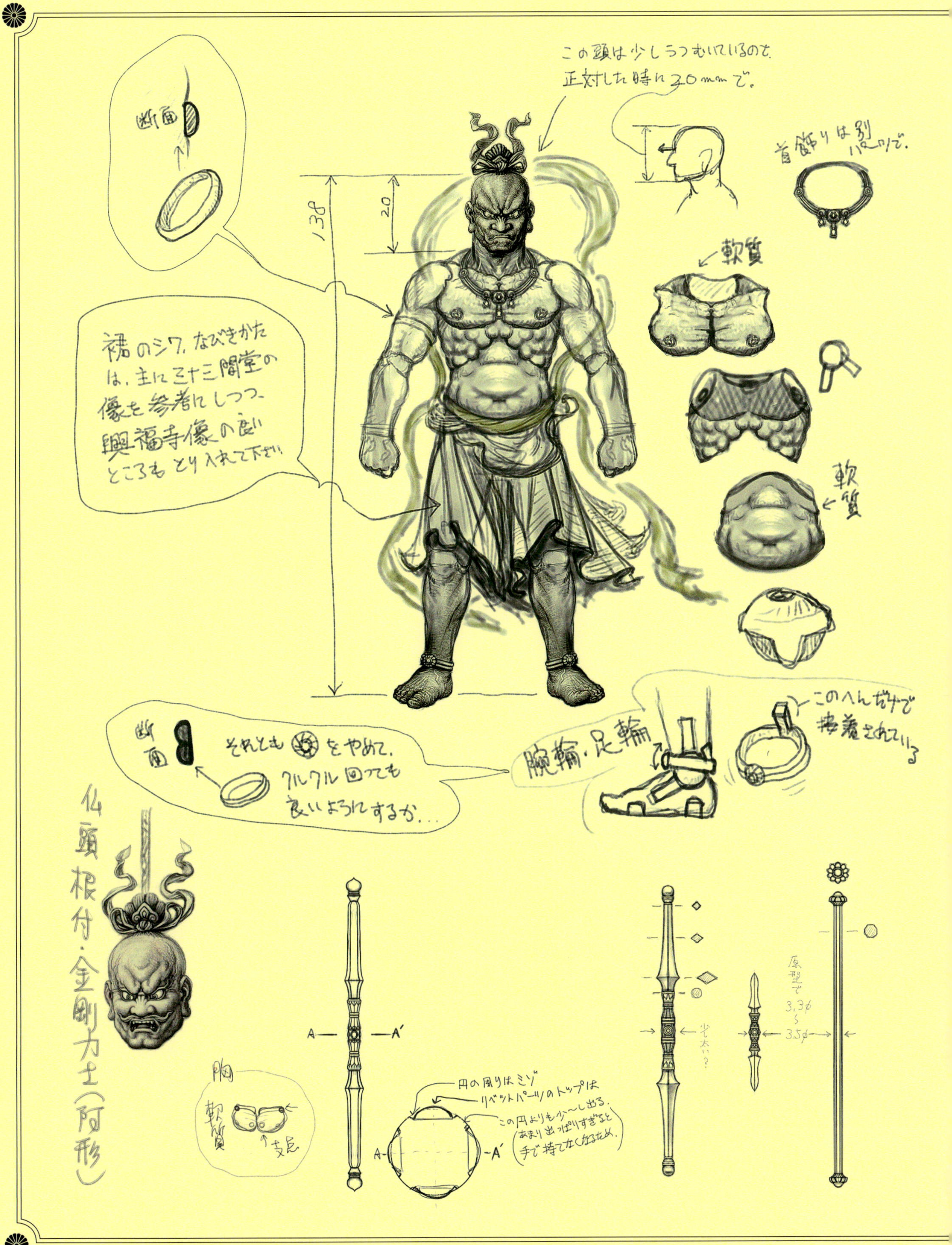

断面
この頭は少しうつむいているので、
正対した時に20mmで。
138
20
首飾りは別パーツで。
軟質
裙のシワ、なびきかたは、主に三十三間堂の像を参考にしつつ、興福寺像の良いところもとり入れて下さい。
軟質
断面
それとも をやめて、
クルクル回っても
良いようにするか…
腕輪・足輪
このへんだけで接着されている
仏頭根付・金剛力士（阿形）
A— —A′
少し太い？
原型で
3.3φ
〜
3.5φ
円の周りはミゾ
リベットパーツのトップは
この円よりも少〜し出る。
あまり出っぱりすぎると
手で持てなくなるため。
A- -A′
胸
軟質
支点

リボルテックタケヤのために描かれたアレンジ画・構造検討図 弐《に》

不動明王

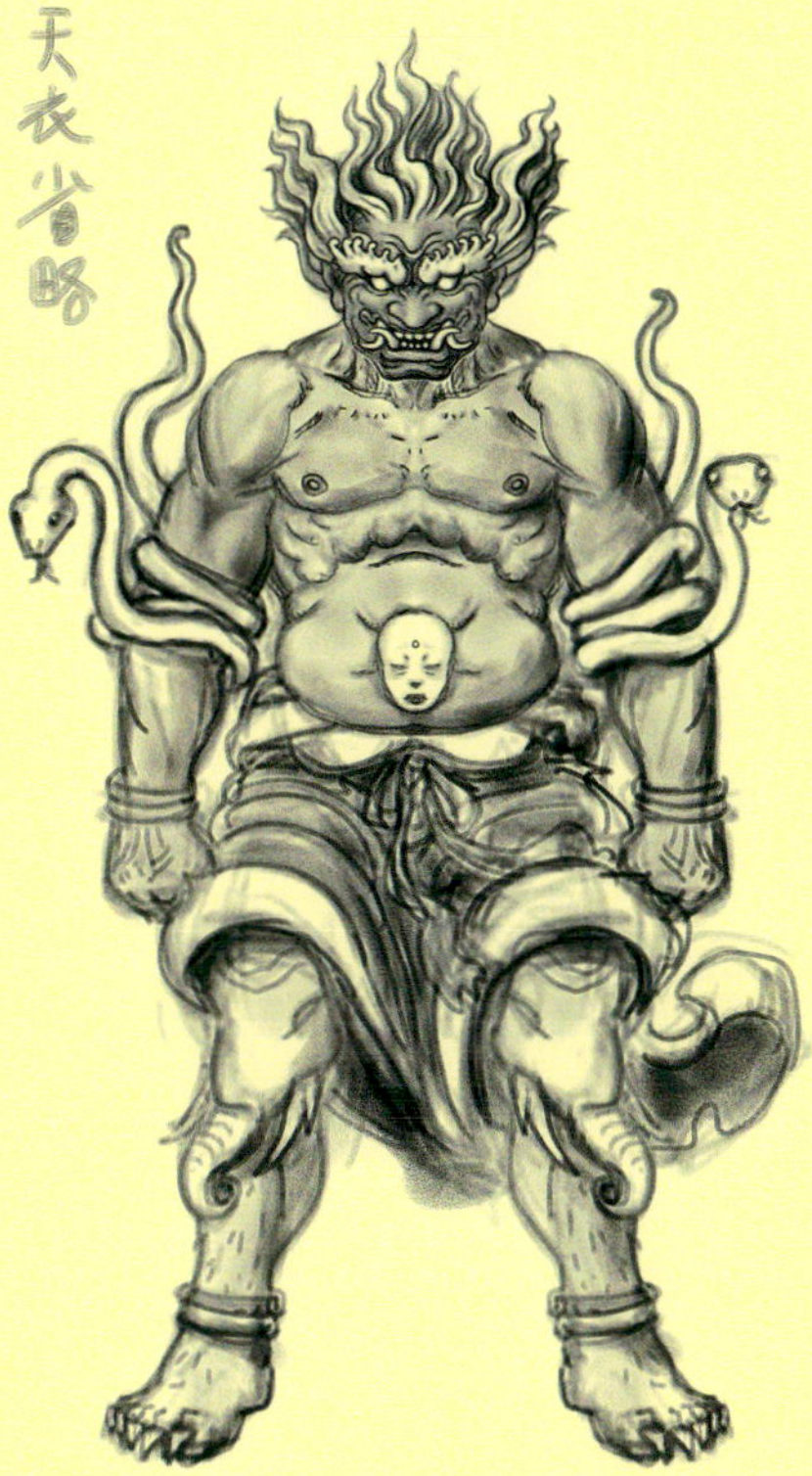

深沙大将

リボルテックタケヤのために描かれたアレンジ画・構造検討図 参《さん》

迦楼羅

阿修羅

阿修羅

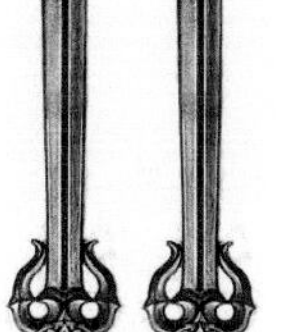

金剛夜叉明王

アレンジとはいえ仏像を描く場合、資料を読み漁ったり写真を見比べて「ここどうなってるんだ？」と分析したり……描くよりも調べてる時間が長くて見た感じよりも手間がかかるんですが、知識の蓄積になるわけなのでそれはそれで楽しくてついつい必要のないことまで調べて描きが進まず……の繰り返しでした。

軍荼利明王

軍荼利明王

太モモ
ウラ
裳と足の構造
こんな感じでしょうか‥
この他に
光背があります

風神

風神

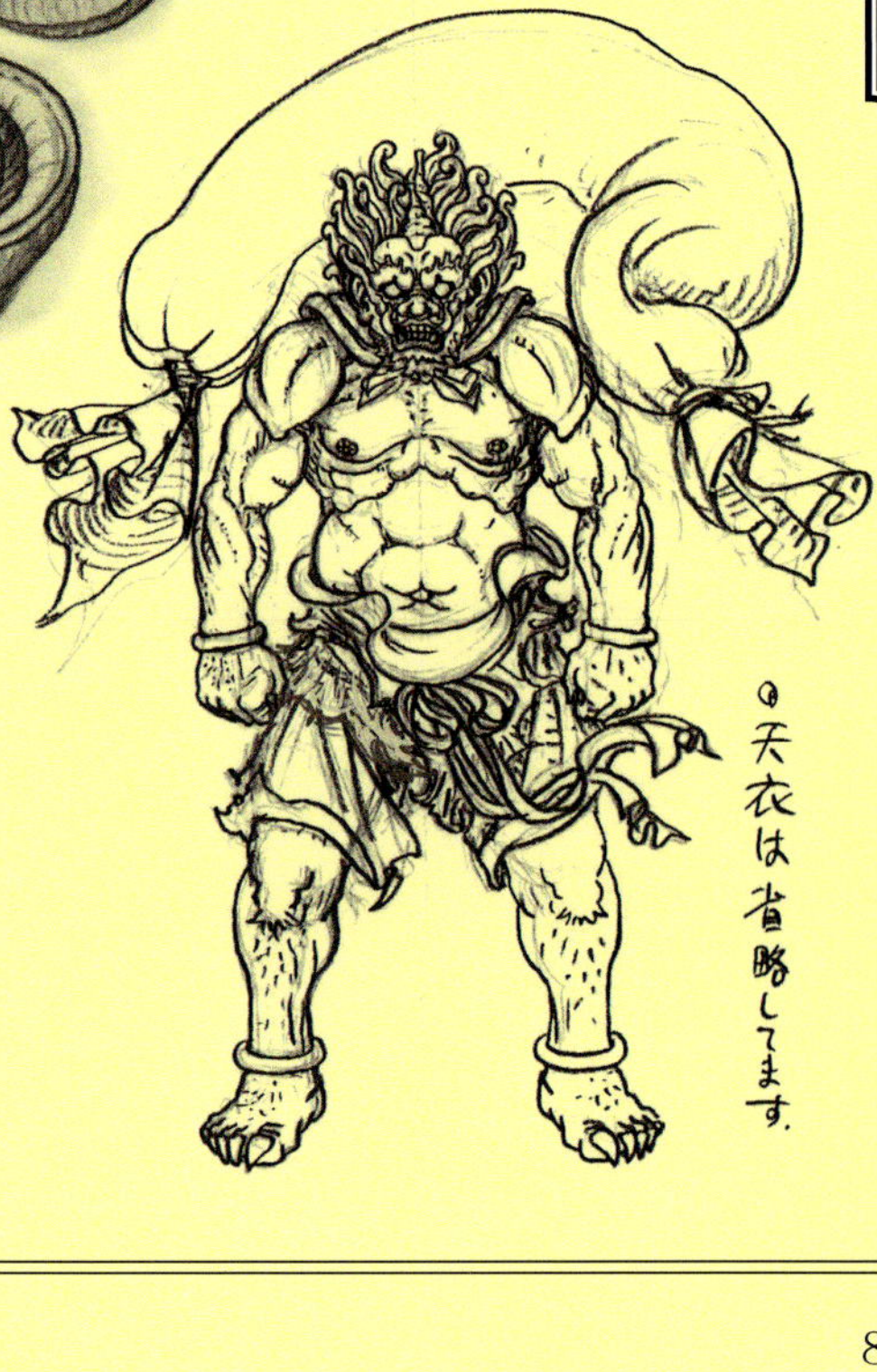

雷神

雷神

持國天
多聞天
多聞天
持国天
正面・天衣あり

増長天

廣目天

廣目天

増長天

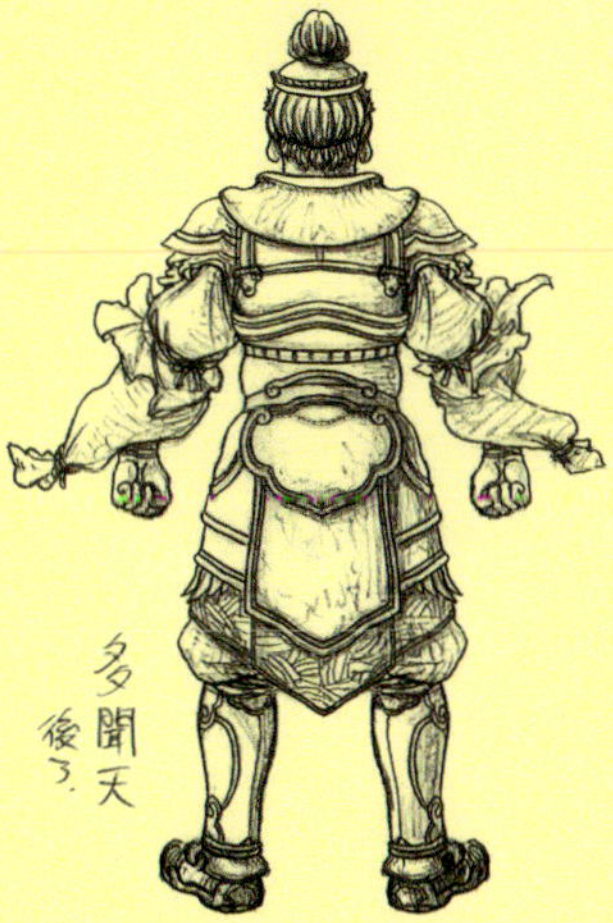

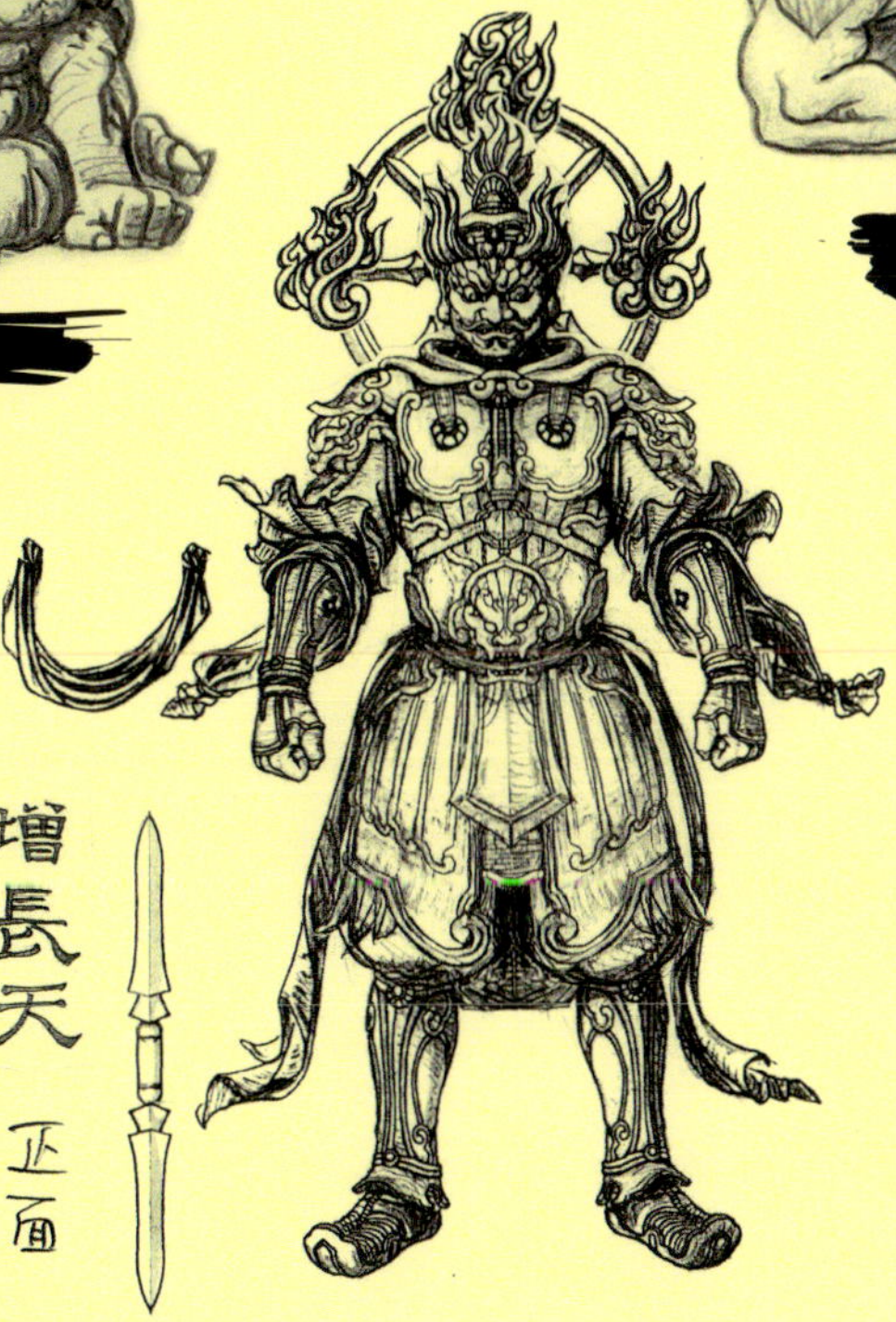

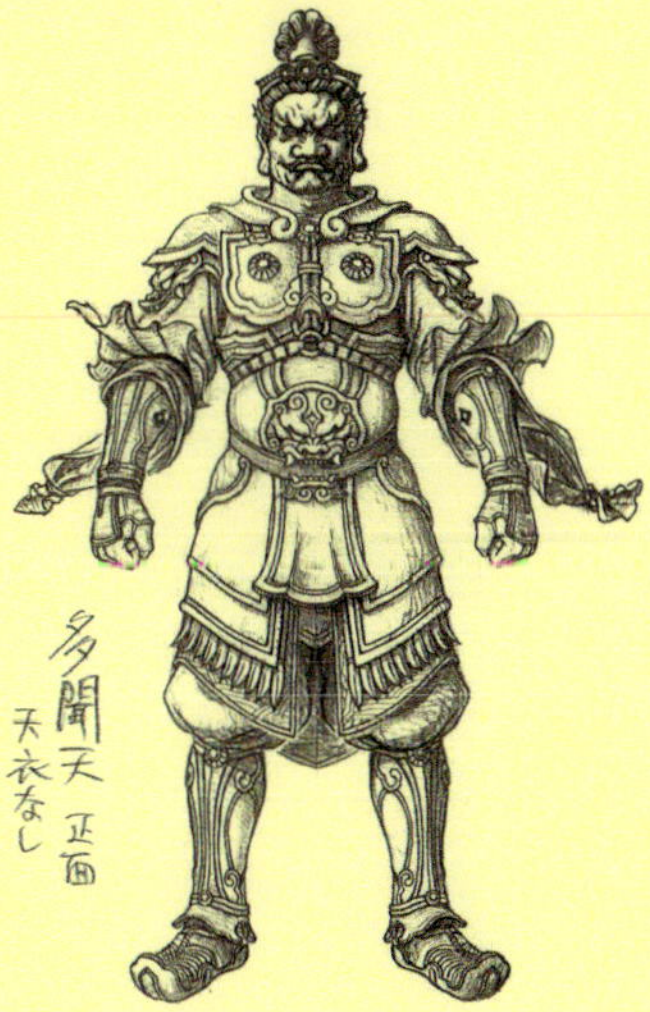

リボルテックタケヤのために描かれたアレンジ画・構造検討図 漆

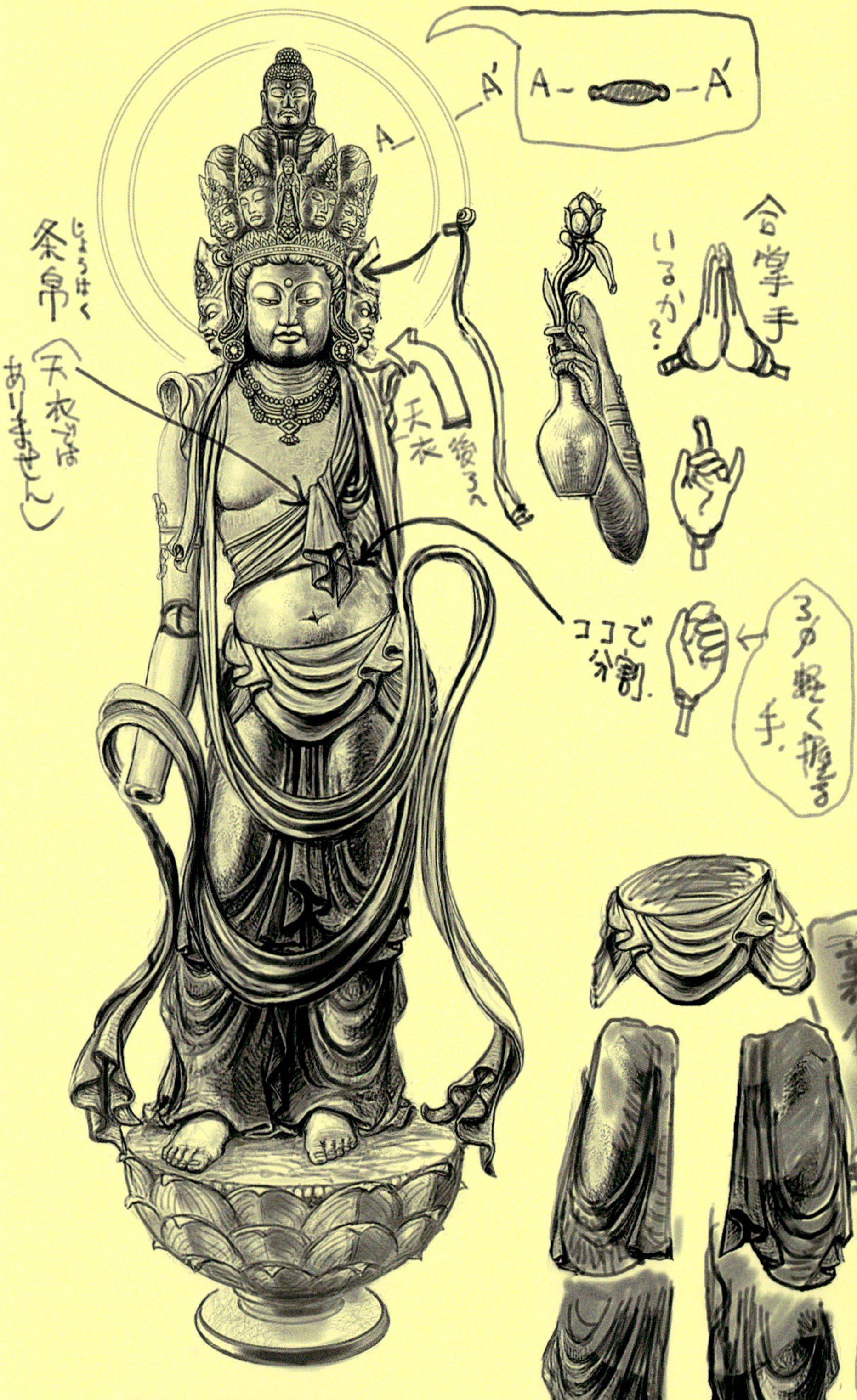

十一面観音菩薩

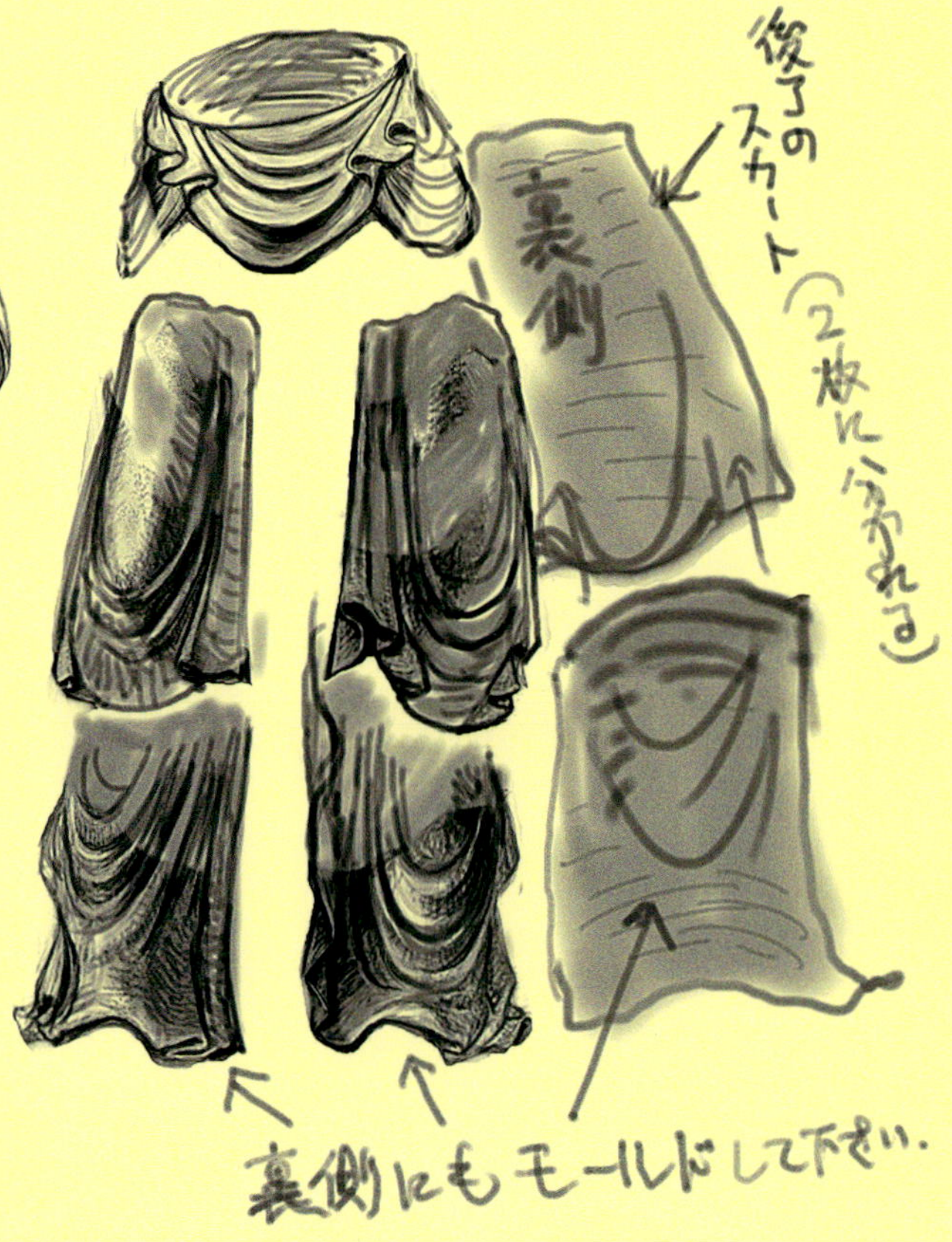

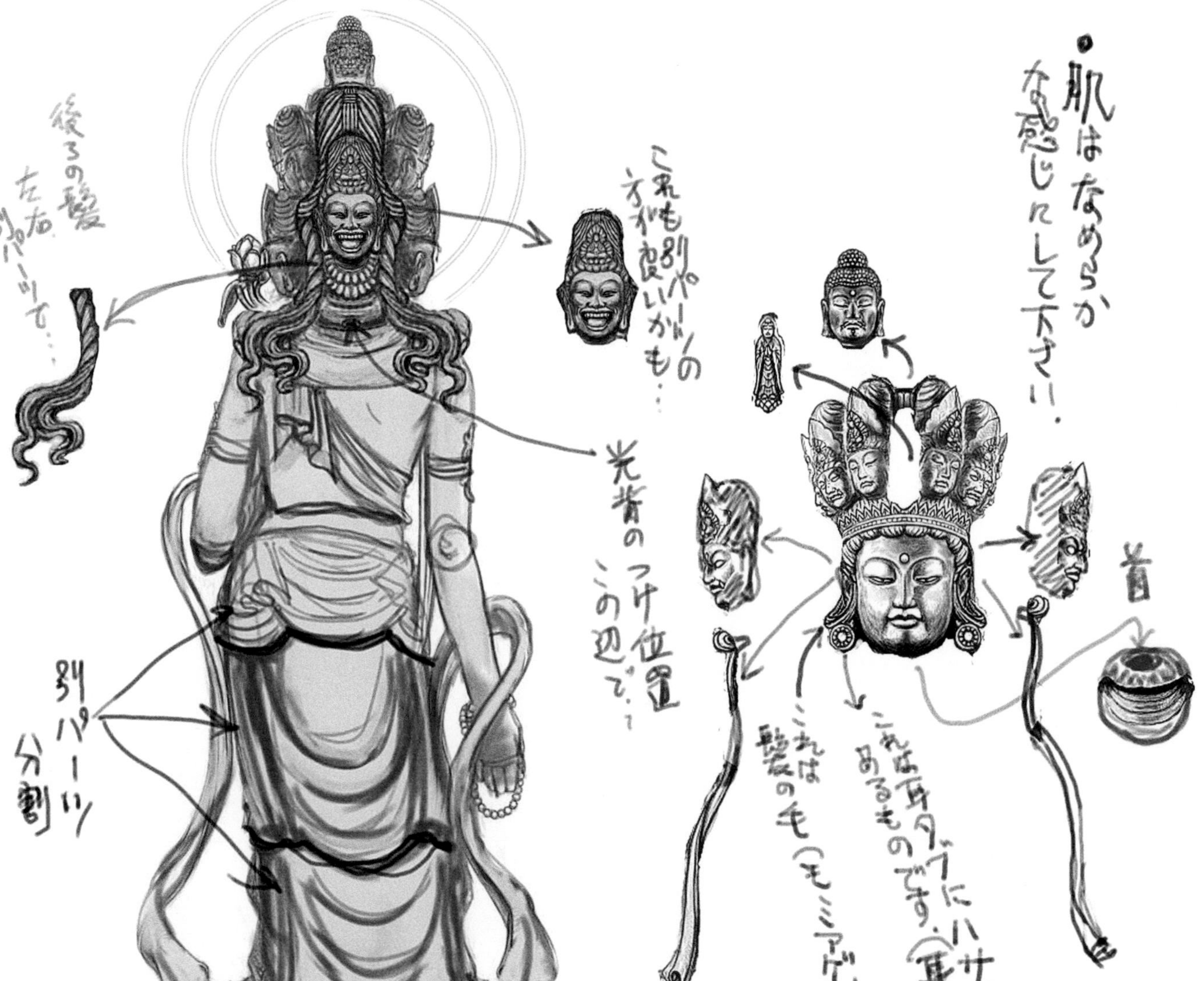

四天王、阿修羅、それから風神・雷神の下描きくらいまでは紙に鉛筆で描いていたのですが、だんだんPCを使うようになりまして……風神・雷神以降（製品発売順）ここにあるほとんどのものはスケッチブック・プロで描いたものです。ホワイトで泣くこともないし何度やり直しても汚くならないし左右対称はいっぺんにできるし！ PC便利!! などと基本的なことで今頃感動しているPC初心者です。最近クリップスタジオ・ペイントも使い始めてわからないことだらけで楽しいです！

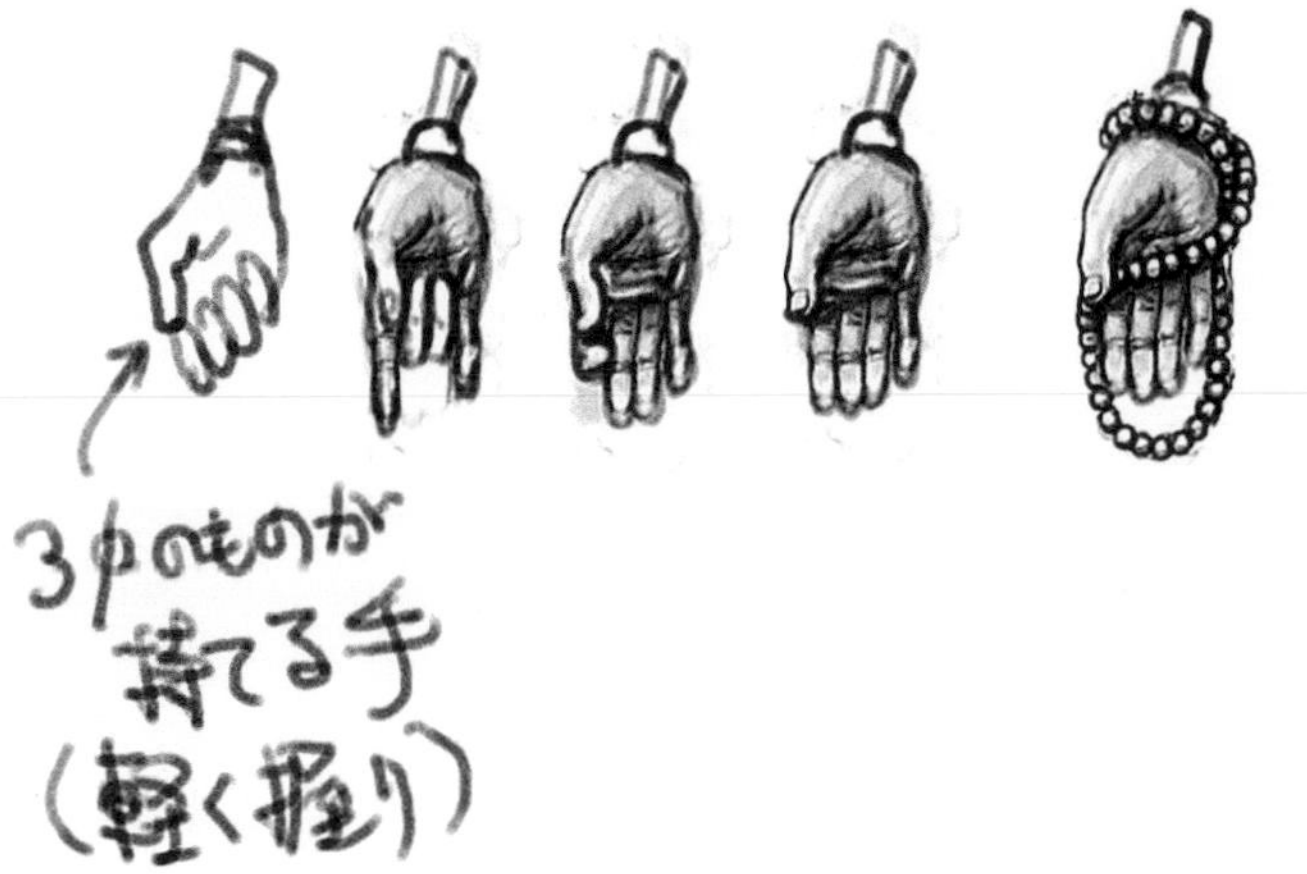

リボルテックタケヤ製作総指揮
竹谷隆之氏×山口隆氏

竹谷工房探訪

リボルテックタケヤ製作総指揮として名を連ねるふたりの人物、竹谷隆之氏と山口隆氏。動く仏像のすべてを知る両人に、現場の裏話から今後の目標までを存分に語っていただこう！

お二人の出会いから、リボルテックタケヤの誕生まで

――リボルテックタケヤは、竹谷さんと山口さんのお二人が「造形製作総指揮」という立場にあるわけですが、お二人の最初の関わりというのは……？

竹谷：20年近く前ですかね。

山口：ぼくは竹谷さんのファンだったんですよ。ホビージャパンの連載とか見てすごいなぁって。で、竹谷さんの友達で韮沢靖[※1]さんと知り合うことができまして、韮沢さんが、「オイ竹谷ん家行こう-」つって、連れてっていただいて、その頃はまだ新宿の今はなき某店に勤めてたんですけど、暇を見ては竹谷さんのお手伝いをさせていただくようになりまして、それ以来ずっとという感じです。

――リボルテックタケヤというブランドが立ち上がるきっかけというのは？

山口：うーん、リボルテック自体はもう海洋堂さんのものなので。どちらかというとそれほど、こう、あんまり興味あるジャンルのものではなかったですよ。ねぇ？

竹谷：あ～うんうん、まぁそうですね。僕がそれまでに作ってたものは、それほど可動を意識してはいなかったですから。可動を仕込むと面倒くさいってのがまずあるし、可動させることによって形状をどっか割りきらないといけない。そういうのを避けた作り方が多かったんで、なかなか馴染みはなかったんですよ。ところが、特撮リボルテックの仕事を宮脇[※2]さんからいただいて、ジェイソンかなんか作ったんですね。で、そういう意識だったもんですから、「そんな動かなくてもいいや」って今からすれば甘い考えもあったんですね。まぁ、だいたいこのぐらい動けばいいだろうみたいな。そしたら、評判が良くなくて。やっぱり動くこと前提のシリーズってことなんでしょう。売れ行きもあまり……。それでもう反省しまして。

山口：動かなきゃダメだなって。

竹谷：そう言いながら「仏像なんてどうでしょう」って話を宮脇さんにしたら「ええよ。面白そうやん」って。

――そこでなぜ仏像を？

竹谷：山口さんの企画で、やのまん[※3]さんでやってた「デモンズクロニクル」という西洋の悪魔がテーマのミニフィギュアシリーズがあったんですよ。

山口：そうそう。「デモンズクロニクル」の第3弾ぐらいで風神雷神

※1 **韮沢靖**　造形家、イラストレーター、キャラクターデザイナーなどいくつもの顔を持つアーティスト。「仮面ライダー剣〈ブレイド〉」「仮面ライダーカブト」「仮面ライダー電王」などクリーチャーデザインをはじめ、数々の映像作品に関わる。
※2 **宮脇さん**　株式会社海洋堂代表取締役・宮脇修一氏。

とか、東洋のものも混ぜたら、わりといい感触だったんで、その流れで「鬼神伝承」[※4]っていう新シリーズがスタートして、十二神将とか二十八部衆の仏像をやらしていただいてたんです。

竹谷：それが二十八部衆の途中ぐらいで出たところで、中国のほうの状況が変わってきて、コストがあわなくなってきたりして、中断しちゃったんですね。で、仏像自体の造形もすごく面白いし、もっと大きいものもやってみたいし、なら多少なりと動かせるものも見てみたいし、どうしたもんかな〜、ってときに海洋堂さんに。

山口：そうですねえ。

竹谷：でもそんな製品が、受け入れられるのかとか成立するのかっていう。ある程度個数が売れないと、製品としては成立しないだろうし、あり得るのかねえ、どうなんかねえって話はずっとしてたんですけど。宮脇さんに話したら、乗ってくれた。じゃあもうやっちゃおうってことでね。

リボルテック化する仏像の選択基準

——最初のラインナップの5体、あれはどういった経緯で選ばれたんですか？

竹谷：もう単純に知名度ですかね。まあ十二神将とかも考えられたんですけど、12体出さなきゃいけないのは厳しいし。四天王だったら知名度、認知度は十分あるし、阿修羅もそうですね。そういうあたりからまあ割り出していったんです。

山口：仏像ってすごい好きで馴染みのある人と、全然馴染みのない人とけっこう両極端だと思うんです。で、あんまり知らない人でもちょっとカッコいいと思える仏像って、やっぱり運慶快慶、いわゆる鎌倉彫刻的な仏像がね、やっぱり今見ても躍動感があったり、フィギュア的にキャッチーなんですよね。

竹谷：甲冑《かっちゅう》着て戦闘的なデザインてのがまあ、この業界的にも取っ付きやすかろうと。

※3 **やのまんさん**　株式会社やのまん。ジグソーパズルやカードゲームのメーカーとして知られる企業だったが、近年はホビー・雑貨等にも力を入れ、各種のミニフィギュアシリーズを発売した。

※4 **鬼神伝承**　株式会社やのまんが発売したミニフィギュアシリーズ。デザインを竹谷隆之、原型制作として鬼木祐二、谷口順一、山口隆、藤岡ユキオらが参加した。日本の神仏をモチーフとしており、第一弾は十二神将、第二弾、第三弾は二十八部衆をテーマとしていた。

山口：いわゆる奈良の大仏さんとか観音様とかそういったものは有名は有名なんですけど、ブツ的にはどうしても地味めで、キャッチーになりにくいんで。

竹谷：佇まいが静かですからねぇ。

――第一弾を出したときの反響はいかがでしたか？

竹谷：どーうなんですかね。

山口：まあ良くも悪くもすごい反応はおっきく返ってきたので。

竹谷：言葉にしたとき、「動く仏像」ってのが、商品としては初めてだったでしょうから、そういう意味ではちょっとインパクトがあったのかなあと思いますけどね。

山口：もともと動かない仏像のフィギュアがはやってたので、ぼくはそれなりに売れると思って「いや絶対売れますから」って言ってたんですけど。

竹谷：山口さんの情熱で実現したようなもんですからね、この企画。

山口：少なくともメーカーさんに損させないくらいは売れるものにする自信はあって、だからやりたいやりたい言ってたんですけど。一番最初に出荷した分が、一日でなくなったとかいうお話を聞いて、ああ思った以上に反応してくれてよかったなっていうのはすごく、ありがたく覚えてます。

――第一弾以降の仏像というのは、どういった基準で選ばれているんでしょう？

山口：基本的には僕らが欲しいモノで。

竹谷：順番はそのときそのときの状況しだいですよね。設定的にとか、これが出たから次これと、なかなかそういう順番ではやりづらいので、バラバラに出してくしかないんですけど。四天王出て阿修羅出たら次は風神雷神かとか、できるだけ雰囲気違うのも出しつつ、知名度あるやつとかそういう風に考えてましたね。

山口：やっぱりそれほど仏像になじんでない人からすると、四天王の四人ですら多分区別がつかないと思うので、やっぱり同じような甲冑を着たやつをそのまま続けて出していくのはやめましょうと。少し毛色の違う、それでいて最初の五体に負けないキャッチーな感じを維持しつつっていうところで。

竹谷：ある程度出たところでこういう観音系の静かな佇まいの仏像、裸の金剛力士の阿形吽形にちょっと人間離れしてる迦楼羅とか、できるだけこういろんなものをって感じですかね。

「リボルテックタケヤ」というブランドについて

——ところで、リボルテックタケヤには、仏像以外にも鬼太郎やZETMANがありますが……。

竹谷：シリーズのネーミング決めるときにね、宮脇さんが「リボルテックタケヤでどうや」と言われまして、でも僕自身がキャラクターとかコンテンツを持ってるわけではないので「リボルテック仏像でいいんじゃないですか?」って反対したんですけど、「いやそっちの工房でやったってことでリボルテックタケヤでええんやないの?」って。また、たいへんザクッとした理由で押し切られちゃって。「仏像以外にも出せるやないの」とかね。実際ZETMANや鬼太郎を出せたんで、良かったんですけど。

山口：宮脇さんの書いた本を見るとね、一応その冠をつけて逃げられないようにするってのが趣旨だったらしくて、ああそうなんだって感じなんですけど。

——さすが宮脇さんというところでしょうか。でもファンからしてみると仏像以外のものがリボルテックタケヤとして商品化されているわけで、今後西洋の怪物とかインド神話の神様とかも期待でさると思っちゃうんですが、どうでしょう?

竹谷：そうですね、考えていろいろやりたいですね。こうなったらいろいろやるしかないです。

山口：ほんとは鬼太郎もリボルテックタケヤって謳うつもりはなかったんですよね。

竹谷：リボルテック水木とかそういうくくりでいいんじゃないのとか……そう言えば鬼太郎シリーズも山口さんの情熱と福元（徳宝）さんの技術で実現したわけで。

山口：これもやのまんさんで「大百怪」っていう水木妖怪のミニフィギュアシリーズをやらせていただいていて、ご縁がありまして。今度は大きいのもやりたいね、ってときにリボルテックの仏像が売れてくれたんで、そのお陰でこちらでもやらせていただけることに。あと、ZETMANは、桂さん[※5]から直接ね。

竹谷：そうです。桂さんは僕の行ってた美術の専門学校の一年先輩なんですけど、在学中にもう「ウイングマン」の連載が始まって忙しくなっちゃって、仲良くなったのは卒業してからなんですけど、誕生日も一緒でなんとなく親近感もありましてアニキと呼んで慕っております。で、ZETMANのアニメに合わせてフィギュア化もしたいってことで、桂さんから「竹谷、ZETMAN作ってよ、出してよ、どっかねえの?」って電話かかってきて。じゃあ海洋堂さんでと。

※5 **桂さん**　漫画家・桂正和氏。ヒーローと美少女などの描写にすぐれ、国内外に多くのファンを有する。代表作に「ウイングマン」「電影少女」「I''s」「ZETMAN」など。アニメーション作品「TIGER & BUNNY」ではキャラクターデザインを担当している。

企画から制作まで

——それでは、リボルテックタケヤとして一体のフィギュアが製品化するまでの流れを伺いたいんですが、まずはデザイン画からになりますよね？

竹谷：そうですね。ただ、これを作ろうって決めてからデザインに入る場合よりも、面白そうなものをいくつか絵にして、その中から絞っていくことのほうが多いかな。

山口：同じ名前の神仏でも、作られた時代や流派によってけっこう変わってくることがあるんで、仏像のキャラクターとしてよりそれらしいのはどれかなと、まぁ着地点を探りながら。

竹谷：逆に、これで行こうってデザイン描き始めても、なんかタイミング合わなかったりして結局お蔵入りなんてこともありますし。

山口：たとえば、今回この本に載せるために竹谷さんのほうで作ってもらった深沙大将[※6]なんかは、もっと早いうちに製品として出したかったものなんですよ。でも、「深沙大将」っていう尊名で、ピンとくる方が少ないのではないかということで、海洋堂さんとの打ち合わせのなかで後回しにしてたひとつでね。そんな感じのすり合わせもあります。

——デザインが決まったら、造形ということになると思うんですが、実際の原型製作ってどのくらいの人数でどういった手順でやられてるんですかね？

山口：作品ごとに違ってきますけど、まずメインで造形をお任せする方をひとり設定して、それに付随する小物や台座なんかはそれぞれ適した人に、という感じで分けて進めてます。

竹谷：そのパートが得意な人にお願いする感じですね。顔だと鬼木さんがやっぱり上手いし、持ってる道具とかのカチッとした感じは高木さん[※7]。風神雷神は谷口さんだし。それから、可動範囲とか、関節はどの大きさのをどこにどういう角度で挿すとかほとんど山口さんが決めますね。

山口：（その作業は）後半ですけどね。

※6 **深沙大将**　深沙神、深沙大王とも呼ばれる仏教の守護神。P58参照。
※7 **高木さん・谷口さん**　P98参照。

竹谷：ここまで動かなきゃダメだからこの大きさのものをこの角度で挿す、だから太ももをこういう形で型取りするとかね。だから、原型受け取ってからも結構時間かかりますよ。

山口：さっきの特撮リボルテックのときの反省もあって、とにかくリボルテックである以上、よく動かないとダメなんで、もちろん造形とのバランスは取ったうえで。だから関節のかませ方にはかなり気を使ってるつもりです。

——そうすると、原型造りにはどのぐらいの時間がかかるんでしょう？

山口：だいたい原型をお願いするときは、デザイン画を渡してから1ヵ月とか1ヵ月半でお願いするんですけど、やっぱり2ヵ月ぐらいはかかりますね。

竹谷：まあ、みんなねえ時間かけたいんですよね。反省してます……。

山口：このぐらいの期日までにってお願いしても、期日より早く上がってくることはまずないですしね。まぁ、ぼくらもそうですけど。

竹谷：そうですねえ、必ず、遅れますよねえ。

山口：早く上がったとしても、改善点は必ずあるものなんで、いつまで経っても終わらない。

——それから、関節の入れ込みや型取りの割り方、カラーリングなどの作業もある。

山口：そうです。そっちの作業にも1ヵ月半はいただいてる感じですかね。

竹谷：うん。並行することもあったりするので、そのぐらいかかっちゃいますね。

山口：とりあえずそれ一つだけに集中する、ということがなかなか難しいんで。なのでラフデザインを描いていただくところから始めたら、一体上がるのにほんとに早くて3ヵ月はかかってるでしょうね。それでやっと納品。

竹谷：そうですね、3ヵ月……以上かかってるもの結構ありますよ。

山口：ありますね。

竹谷：まぁ進行管理は山口さんで。ぼくはできるだけ身軽になりたいんで。ホント絵描くだけで終わりってのが一番いいんですけど、仕上げもなんだかんだ関わっちゃいますけどね。

——デザインや原型造りで、とくに苦労したものはありますか？

竹谷：うーん、リボルテックタケヤの場合、一から十まで自分で作るものじゃないんでね。ありがたいことになんかこんな感じでって図を描いたら、山口さんがハンドリングしてくれて誰かが作ってくれて、じゃあちょっと仕上げでも関わらしてもらいますか、ってそういうスタンスなんで、楽っちゃ楽ですね。鬼木さんの、とくに顔や手の造形は「すばらしい！」のひと言ですし、谷口さんはウマいだけじゃなくて守備範囲が広くてなんでも対応してくれるし、高木さんはカチッとした完成度がすごいし、辛嶋さんが作ってくれる3Dデータは魔法のようだし、ウチの社員ですが小関の型どり技術やサポートにはホント助かってますし……。あっ、でもときどき予測不能なことが起きて、まとめや仕上げが大変になることはありますが……。でもまぁ、そういうアクシデントとかね、イレギュラーなことは、どんな仕事でもありがちなことではあるし、それをやったことで、プラスになったんだなって結果がでればいいことなので。面白いですよね。何かを作って形になるってことに携わってるってのは本当に面白いしやりがいもあります。

今後の竹谷・山口、今後のリボルテックタケヤ

――お二人ともリボルテックタケヤに限らず、造形家として今後やっていきたいことや目標などは？

竹谷：うーん、何て言うか漠然とした言い方になっちゃうかもしれませんけど、もっとこう自由に作りたいっていう志向はありますね。もうちょっと右脳的にこう……粘土でザクザクっと自由な感じで。オブジェっぽいものとか……ね。うん、やっぱりわかりにくいですよね。その……言葉だと伝えにくいんですけど、規格にとらわれないものを作りたいって思いがある。ただ製品として出さなきゃいけない場合は、そうとも言ってられないですし、両方やろうと思えばできるので、製品のラインは製品のラインでそういう仕事に携わらせていただいて、また別枠で何か作りたいなと。依頼を待っているだけっていうよりは自発的に、実現化していきたいなとは思っています。そうは言っても、今はなかなかいいバランスで仕事できてるなぁとも思うんでね。あっちもやりたい、こっちもやりたいって思ってるのは面白いかなと。

山口：僕は、けっこう昔から言ってるんですけど、僕らが作ってる商品ってどうしても樹脂とか塩化ビニールっぽいものになるじゃないですか。それがなんとかならないものかと。たとえば、竹谷さんが作ってきた作品をね、金属とかブロンズだったりとか違う素材なものにしたいなあって思うことが多いですね。

竹谷：まあブロンズはぼくもやりたくて、やろうかなあと思ってモーソー中です。

山口：まぁブロンズは無理でも、今ガチャガチャで根付のシリーズとかもやってますけど、これをね。たとえば一部分でもいいから金属とか木とか、ホントの骨とか違う質感のものでやってみたいなとかは思います。もちろん、商品としては、素材が塩ビだからピンピン尖ってるところがあっても許されてるってのはわかってるんですけど、作り手としてはやってみたいんですよね。

竹谷：一品モノならいいけど量産は難しいよね。

山口：まぁそれはそうなんですけど。でも仏像もね、こう金属で抜いて、ズシッと質感があるものとかが、できたらいいなあって。

――それでは商品として、たとえば今後のリボルテックタケヤの方向性などは？

竹谷：そうですね。リボルテックの仏像の場合は、仏像が動く、本来動かないものを動かそうっていうコンセプトがあったわけです。でも、実はもともと江戸時代には「自在置物」[※8]っていう動く置物があったんですね。これは要するに金属製で関節が可動するようになっている動物とかの造作物です。甲冑《かっちゅう》造りの職人さんたちに伝わっていた金属加工技術なんかで作られた非常に精巧なモノで、題材も龍とか蟹とか、昆虫とかいろいろあって、言ってみれば江戸時代のリボルテックなわけですよ。これをね、金属的な質感も含めてリボルテ

※8 **自在置物**　江戸時代中期に作られるようになった金属工芸品。鉄、銅、銀などの金属板を加工し、実在あるいは架空の生物を写実的に再現する。最大の特徴は、モデルとなった生物の関節まで本物同様に可動させる点で、製作には莫大な労力を必要とした。そのため、当時からその価格は非常に高く、現存するものの中には骨董的価値も含めて数百万円の値が付けられるものも珍しくないという。

ツクにできないかなと。和風の神獣とか霊獣、あと骸骨とかね。ちょっと仏像から離れたシリーズとして出していきたいと考えてます。

山口：まぁ龍とか言ってもあまり大きくならないように気をつけなきゃいけませんねー。

竹谷：リボルバージョイントを使うんで関節は共通になりますから、たとえば麒麟《きりん》の首をとってそこに仏像の上半身をつけるとケンタウロス的になったりとか、そういう相互に関係し合えるようなものを考えてます。いろいろと組み合わせて楽しめるようにね。

山口：リボルテックタケヤ以前の僕たちって、可動フィギュアっていうものに対する認識がいまいち高くはなかったと思うんですよ。フィギュアってどっちかっていうとコレクションアイテムで、揃えてナンボ、飾ってナンボって意識が強かった。でも実際にリボルテックタケヤで仏像を出してみたら、思った以上に皆さん遊ぶんだな、動かすことに楽しみを覚えてるんだな、って感じまして、だったらそれに応えたいなと。

竹谷：ユーザーさんたちがネットに上げてる写真見るとね、阿修羅がお料理してたり、四天王でプロレスやってたり、ネタ的にも楽しんでくれてるのがわかるし、そういう風に扱われやすい、ネタになりやすいもののほうが売上げもいいみたいなんですね。

山口：なので手に取っていただいた方が、ちょっと前に出てた商品とか絡めて遊べるような仕組みだとかを考えつつ出していけたらいいかなと。もちろん竹谷さんの名前で出すシリーズですから、遊べりゃいい動けばいいってもんではなくて、造形としてもきちんとしたものにするのは大前提ですけどね。

――そのタケヤ版自在置物ですけど、発売時期はいつ頃になりそうですか？

山口：どうなんですかねえ？　海洋堂さんの都合もありますし、もうちょっと先になるかな。

竹谷：龍に、麒麟に、骸骨と、原型はいろいろ試している[※9]ところなんですけど、うーん、いつになるかな？

山口：今年（2014年）の年末ぐらいには、発表はされてるんじゃないですか。されてるといいなぁと。

――それでは、仏像の新作に加えて、そちらも乞うご期待ということで。本日はありがとうございました。

※9 **いろいろ試しているところ**　P110参照。

リボルテックタケヤを支える 竹谷工房関係者たち

リボルテックタケヤをはじめ、さまざまな作品を生み出している竹谷工房を直撃取材！ 鋭意作業中の手をひと時止めていただき、関係者の皆さんからお話を伺った。

伊原源造さん（フリーランス）

藤岡ユキオさん（フリーランス）

都内某所に存在する竹谷工房。ここでは常時4～5人のスタッフが造形作業に従事している。作業の分担は非常にフレキシブルで、受注している仕事を各人の得意分野（メカ、生物、キャラクターなど）に応じて振り分けているという。また、リボルテックタケヤ仏像シリーズで多くの原型を担当している鬼木祐二氏（九州在住）や、3Dデータで作るパーツを発注している辛嶋俊一氏、原型担当の福元徳宝氏、高木健一氏などのように、各々の自宅で作業している人も多い。

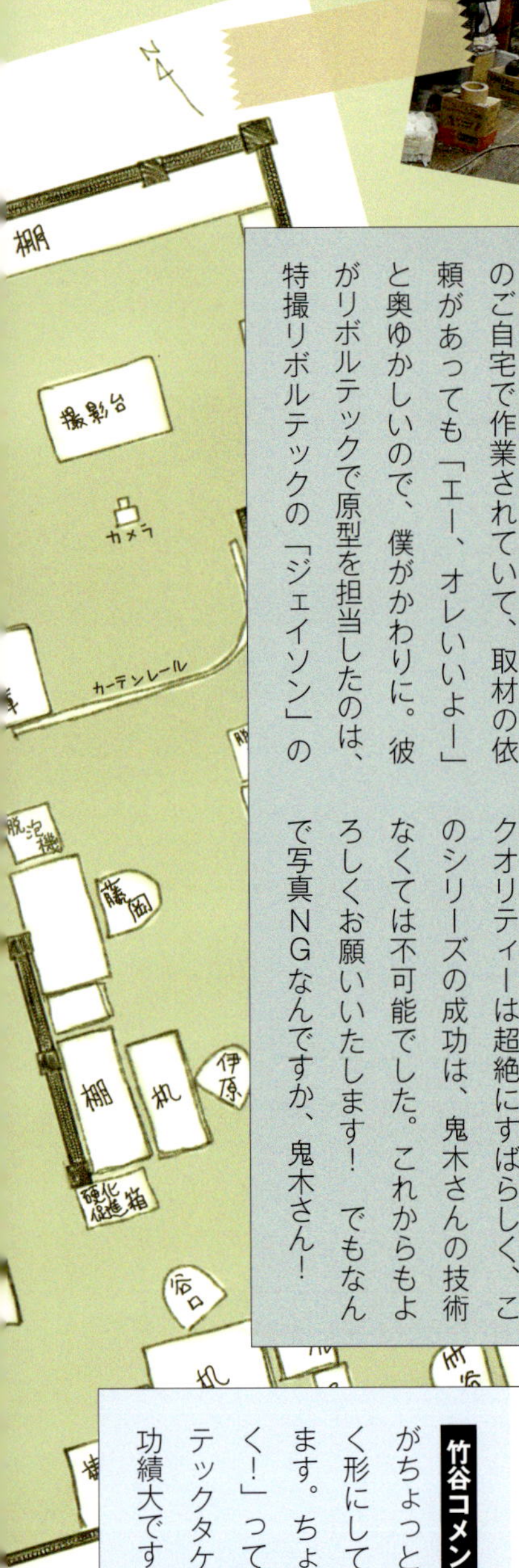

鬼木《おにき》祐二《ゆうじ》

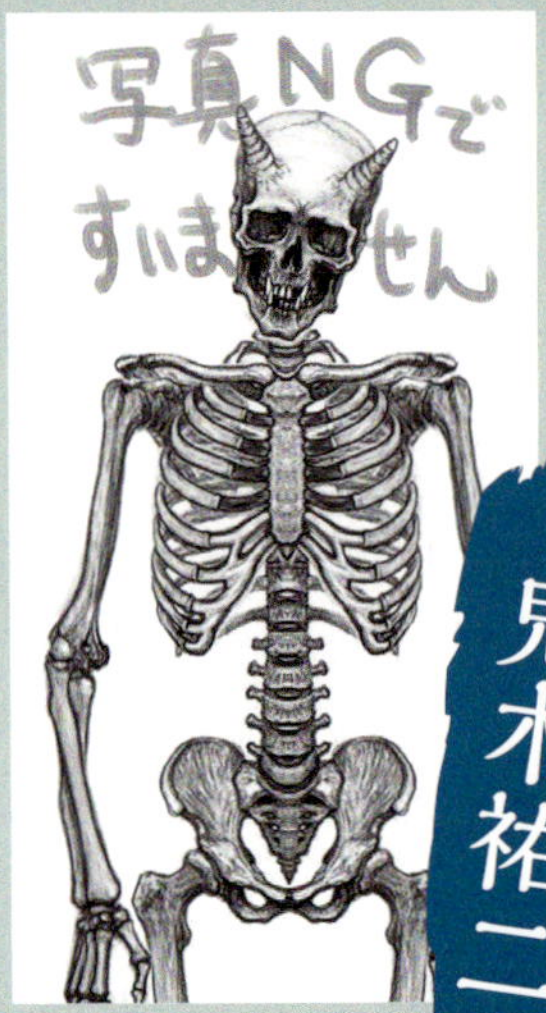

竹谷コメント 鬼木さんは普段、九州のご自宅で作業されていて、取材の依頼があっても「エー、オレいいよー」と奥ゆかしいので、僕がかわりに。彼がリボルテックで原型を担当したのは、特撮リボルテックの「ジェイソン」の本体と、「パイレーツ・オブ・カリビアン」のジャック本体、リボルテックタケヤの阿修羅、多聞天、十一面観音、不動明王、金剛力士（阿・吽）、軍荼利明王、それから多聞天以外の四天王の顔や手などです。ご存じのように仏像のクオリティーは超絶にすばらしく、このシリーズの成功は、鬼木さんの技術なくては不可能でした。これからもよろしくお願いいたします！ でもなんで写真NGなんですか、鬼木さん！

福元《ふくもと》徳宝《のりたか》

——えーと、僕の場合は自宅での作業が中心ですね。次のアイテム決まったよ～、という感じで竹谷さんからデザイン画をいただいて、それを持ち帰って立体化するという感じです。今は自在置物と妖怪根付あたりをよくやらせてもらってますね。基本的に竹谷さんのデザインを好きに解釈して作らせてもらってますけど、こっちがこんな感じならどうだ！って投げ返してもきっちり受け止めてもらえるんで、そういう意味ではやっぱ懐が深いなぁと思います。

竹谷コメント デザイン画の段階では構造とかがちょっとあいまいなところがあっても、うまく形にしていただけてるんで非常に頼りになります。ちょっと悪い言い方すると「あとよろしく！」ってお任せしても大丈夫な感じ。（リボルテックタケヤの）鬼太郎シリーズなんかは彼の功績大です。

——もうかれこれ16〜17年ほどお世話になってます。生き物・動物系が好きで得意ってことでおもにそのあたりをやらせてもらってます。竹谷さんのほうも、誰に造形を振るとかも考えてラフデザインをしてくれてるみたいで、そういう点はとてもやりやすいですね。逆にキツイのはやっぱり時間です。とくにここ数年で可動モノが増えてきたんでね。もちろん竹谷さんのデザイン画の段階で可動は考慮されているんですけど、それでも感覚的には可動は無可動の倍は時間がかかりますから。この辺のギミック処理の時間短縮が当面の課題ですかね。

竹谷コメント 彼の得意分野は筋肉グワーッ的なクリーチャーなどですが、守備範囲が広いのでついついいろんなことに巻き込んでしまって……何かといつも助けられています。リボルテックでは、風神、雷神、迦楼羅などを担当していただきました。

谷《たに》口《ぐち》順《じゅん》一《いち》

——小物と言うか、フィギュアに持たせる武器なんかをおもにやってます。作業は自宅ですね。リボルテックタケヤの仏像の場合、実は僕、仏像関係の知識が少ないんで、竹谷さんのデザイン画だけだと「これはどうなってるんだろう?」なんてことがけっこうあります。まぁその辺は竹谷さんもわかってるんで、デザイン画と一緒に大量の資料を用意してくれるんですけど。で、デザインと資料と付け合わせて、ああでもないこうでもないと、それっぽく仕上げてます。

竹谷コメント かっちりした物が得意なので仏像シリーズでは道具や武器などをお願いしています。ZETMANのアルファスのパーツの仕上げも彼にたくさんお願いして完成度が上がったと思います。

高《たか》木《ぎ》健《けん》一《いち》

——竹谷さんの補佐全般が仕事です。あとは、型取りとかも任せていただいてます。専門学校から先輩の紹介でこちらにお世話になって、もう10数年ですからけっこう長いですね。ここ以外の仕事とかもわりと好き勝手やらしてもらってるんで、ありがたいです。ほしいって言えば結構高い機材とかも入れてもらえますし、ほんと技術を磨かせてもらってるって感じです。

竹谷コメント 彼は唯一の社員なんですが、型取りとかコンピュータ関係、工房の維持管理なんかも一手に引き受けてもらってます。とくに型取りに関しては機材も含めてどんどんレベルアップしてくれてるんで助かってます。いずれはZ-brushでのモデリングなんかもお願いできるようになってほしいですね。

小《こ》関《せき》正《まさ》明《あき》

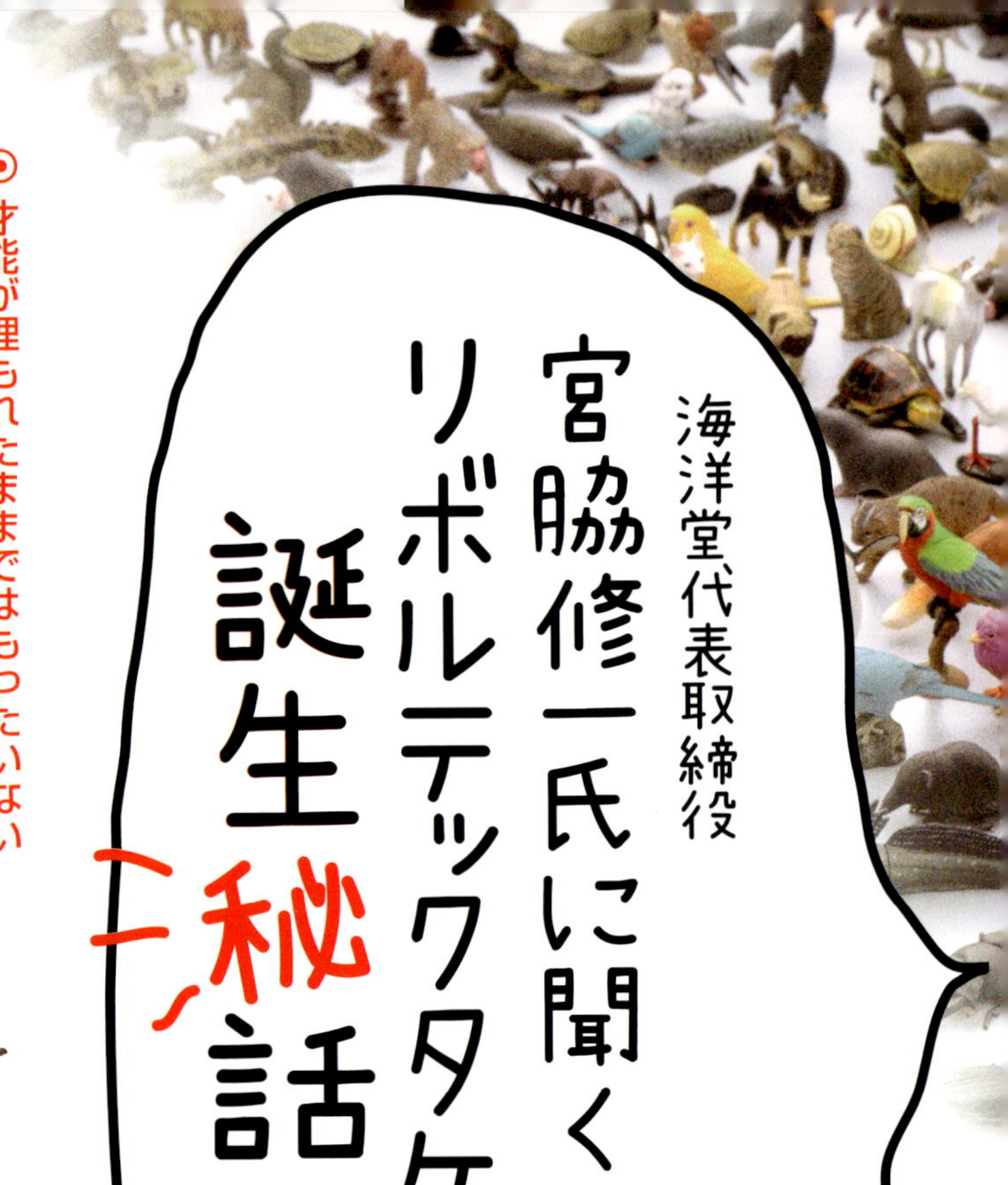

海洋堂代表取締役

宮脇修一氏に聞く リボルテックタケヤ誕生秘話

フィギュア界で知らない人はいないカリスマ経営者、宮脇修一氏。竹谷氏との出会いから、リボルテックタケヤ誕生のいきさつ、今後のシリーズ展開、さらに竹谷氏の人物像まで、率直なところを話していただいた。

◉ 才能が埋もれたままではもったいない

竹谷さんの名前を冠したリボルテックタケヤを立ち上げるきっかけになった仕事は、特撮リボルテックシリーズの〝13日の金曜日〟の「ジェイソン」でしたね。竹谷さんは当時すでに玄人筋から高い評価を受けていましたけど、いまひとつ一般の方々には認知されていませんでした。本人もどこか修行僧のようなところがあって、無欲というか、世の人々に認められて、お金をいっぱい稼いでやろうなんていうところは微塵もありません。

そこで、世界が驚くような才能をこのまま埋もれさせておくのはもったいないということで、特撮リボルテックシリーズの「ジェイソン」をお願いしたわけです。

特撮シリーズは「エイリアン」「大魔神」「怪獣ブースカ」というおなじみのキャラクターというラインナップでした。フィギュアに特別詳しくないライトユーザー向けのものだったのです。ところが、ホラーものというかスプラッターものファンとフィギュアのファンの親和性が薄かったというか、「ジェイソン」は正直あまりセールス的にはよくありませんでした。

ホラーの池のなかに石を投げ込んだつもりでしたが、思ったほど反応が少なく、大きな波紋を広げることはできませんでした。竹谷さんの造型力、突破力をもってしても、残念ながら多くのユーザーをつかむことはできなかったのです。

特撮リボルテック　ジェイソン
TM&© New Line Productions,Inc.(s10)

そうこうしているうちに、竹谷さんサイドから「今度は仏像でリボルテックをやりたい」という話がきました。「ええよ。おもしろそうやん」と私は即答しました。というのは、2009年の「興福寺創建1300年記念　阿修羅展」にあわせて作った阿修羅のフィギュアがよく売れたという実績があったからです。ライセンスものに頼らずに、竹谷さんのオリジナリティだけで個々の仏像のキャラクターをどのように料理してくれるか、楽しみでしたし、新たな市場を開拓できるのではないかという期待感もありました。

けっして商売としての勝算があったわけではありません。それでも仏像はパブリックドメインでライセンス料はかからないし、パッケージに過度な予算をかけないなど低コストにおさえ、その分製品の質を高めました。それが多くの支持を得られた理由の一つじゃないかと思います。

◉商業的な成功で夢も広がる

シリーズ名を「リボルテックタケヤ」にしたのは、何より竹谷さんの才能を世に出したい、売り出したいという気持ちからです。彼はクリーチャーなどのリアル描写の造形では、世界屈指の造形作家ですが、その才能や魅力が世の中に認知されていないのは、口惜しいじゃないですか。まあ、「タケヤ」と付けることによって、このシリーズのイメージが付きすぎるということもありますが、そのことによって竹谷さんを慕って工房に集まった人たちに継続的に仕事を与えられるのだから、「ええじゃないか」と思います。

この仏像シリーズは結果的には累計15万体以上の大ヒットとなりました。かつて私らも「チョコエッグ」の爆発的なヒットで社会的に認められるようになりました。それまでは知る人ぞ知るという存在だったのですが、商業的に成功することにより、仕事の幅もぐんと広がっていったのです。

5年ほど前までは竹谷さんも経済的に大変苦労されていたと聞きますが、このシリーズのヒットにより多少の利益もたらすことができました。そのことにより竹谷さんはじめ、工房のスタッフも自分たちの夢を追いやすくなったのではないでしょうか。

どんなに素晴らしいものを作っていても、人に認められなければ意味はありません。商業的に成功することは大事なのです。

特撮リボルテック　ジャック・スパロウ

一方で、製品の品質を落とさないことも大切です。竹谷さんが作るものはすべてスペックが高く、可動する仏像の機能を考え抜いています。あまり動かなくても困るし、逆に動きすぎてもおかしい。おもちゃ偏差値の低い人には難しいところもあるかもしれませんが、フィギュアとして仏像を楽しめるという、ちょっと罰当たりな面もあるけど、楽しみ方の幅を広げたという功績は非常に大きいと言わざるをえません。

興福寺の阿修羅像

◉今後は「自在置物」シリーズに期待

竹谷さんにはこれからもどんどんオリジナル企画のシリーズを続けてほしいですね。作家性も十分にありますし、こちらの期待以上にこたえてくれるずば抜けた才能を持っていますので、今後もいっぱいいっぱい作りましょう。

じつは仏像シリーズとは別に「自在置物」シリーズを今年（２０１４年）末より開始する予定です。「自在置物」とは江戸時代に甲冑師が作り始めた龍や伊勢海老、ヘビといった動物の動く模型のことです。これのリボルテック版をぜひ成功させて、仏像とは別のタケヤシリーズとして広げていきたいです。

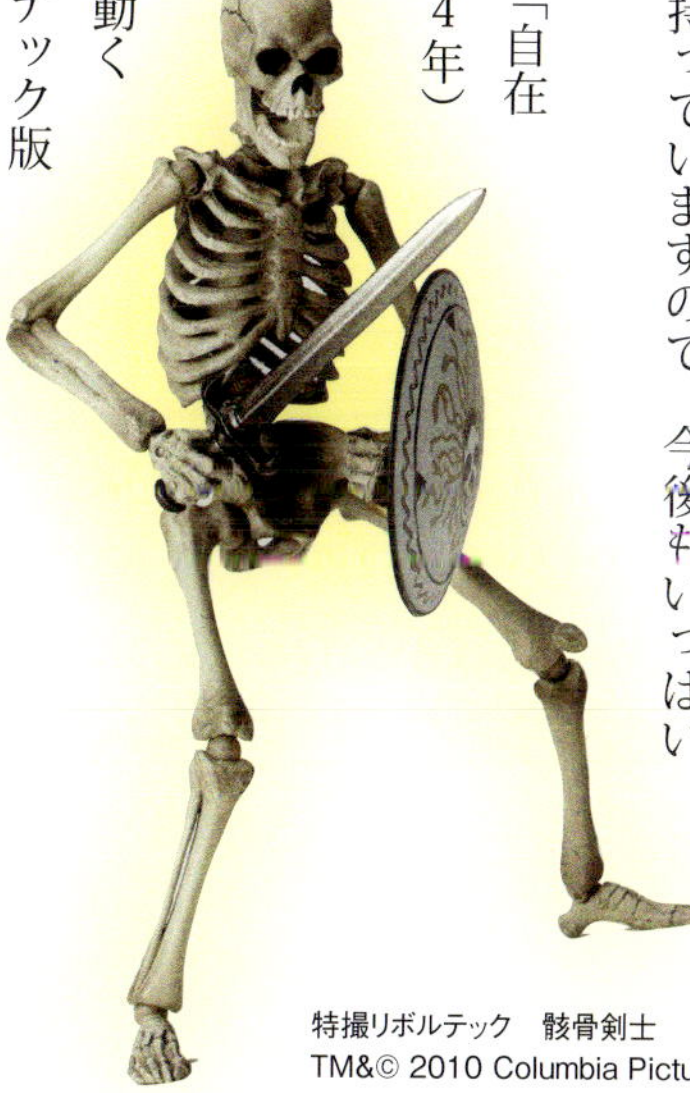

特撮リボルテック　骸骨剣士

昔の話ですが、たまたまポケットに入っていた５００円玉を見つけ「これで古本を買おう」とうれしそうに竹谷さんがつぶやくのを聞いたことがあって、この人は信頼できる人だと確信したことがありまます。無欲というか、仕事がすべてなんですね。だから天才的な作品をたくさん残しているんですが、その反面、竹谷さんはすごいものを作りすぎて、過剰な品質となり、時間もコストもかかりすぎる面があります。そこがいい面であり、悪い面でもあるのですが、もう少しお手柔らかにお願いしたいというのが、私からの注文です。

前代未聞の仏像フィギュア販売奮戦記

㈱ケンエレファント
ホビーチームデザイナー
坂本裕孝氏

「作り手」からの情報を正確に「買い手」に伝え、販売を促進する仕事は「商品」が成立するためにはなくてはならないものだ。リボルテックタケヤの発売記念イベントの裏話やユーザーの反応などをプロモーション担当者に語ってもらった。

なんで仏像なんだって最初は不安に

海洋堂さんとは、10年以上前からのお付き合いになります。以前はペットボトルキャップなどのミニフィギュアに関わらせていただき、特撮リボルテックのシリーズが立ち上がる際にはディストリビューターを務めました。その流れでリボルテックタケヤのディストリビューターとプロモーション、それから2013年末に出たリボルテックハローキティ等に関しては企画・販売、プロモーションを行なっています。

最初にリボルテックタケヤのお話を伺ったのは、確か2011年の秋口ぐらいだったと思うんですが、やっぱり仏像と聞いたときには「なんで仏像なんだ？ 商品としてどうなんだ？ 信仰されている方からのバッシングとかないだろうか？」などなどいろいろと考えました。当時はフィギュアというと美少女ものやメカもの、あるいは怪物なんかが主流だったわけですしね。まぁそういう状況に仏像をぶち込んでくるというのがいかにも海洋堂さんらしかったわけですけど。で、「どうしたもんかなぁ」とは思ったんですが、竹谷さんの持ち込み企画だと聞かされまして、「なら大丈夫だろう」と、少なくとも造形的におかしな突っ込み方をされるようなものにはならないだろうし、格好イイものになることは確実に思えましたから。その後、11月の半ばにレジンでできた原型を見せていただいて、「あぁこれならいける」と手応えを感じましたね。

記念すべきシリーズ第1弾「多聞天」

それと前後して、リボルテックタケヤ第一弾となる多聞天の発売が翌2012年の2月に決まりました。さらに残りの四天王と阿修羅も含めて、5ヵ月連続リリースということになりまして、当然各種のプロモーションが必要になってくるわけです。その一環として開催したのが「仏像見聞録」というイベントでした。

意外な反応もあった「仏像見聞録」

イベントの主眼はもちろん最初の5体のお披露目だったわけですが、やはり「リボルテックで」「竹谷隆之が作る」「仏像」というものに対するユーザーの生の反応を確かめたかったというのもありましたね。ただし時間は全然なかったので、2011年の年末に当時秋葉原にあった海洋堂さんのアンテナショップ「ワンフェスカフェ」で1日限りの開催という形になりました。お客さんが60～70名ほどの小イベントになりましたが、薬師寺のお坊さんの村上定運さん、仏像コラムニストの宮澤さんなど、仏像に造詣が深くなおかつ砕けたお話も得意な方々にご出演いただいて、仏像とフィギュアをからめたトークショー＋リボルテックタケヤのプレリリース公開という形にさせてもらいました。「仏像の魅力と

四天王と阿修羅

は？」「仏像を動かしちゃっていいのか？」なんてお話で真面目かつ熱く盛り上がりまして、もちろんリボルテックタケヤについても非常にいい反応がありました。

ただ、その直後のネットでは、何と言うかネタ的にね、「おいおいこんなの出るぞー！（笑）」って感じで話題になっちゃいまして、「あれ？　こっちの予想とはちょっと違う」と少々戸惑ったような記憶があります。こちらとしてはやはり神仏なわけですから、もっと堅いというか真面目な受け取られちゃうんじゃないかなと思っていたんですが、蓋を開けてみるともう「スゲぇ、面白い、格好イイ」って感じで、素直にフィギュアとして評価してもらえたのが嬉しかったですね。

色あせた仏像が受けたのは収穫

シリーズ内での人気で言えばやっぱり阿修羅がダントツですね。もう何度も再販させていただいてます。２００９年に東京国立博物館にて開催された、興福寺創建１３００年記念「国宝　阿修羅展」（その後順次全国にて開催）において海洋堂製のフィギュアが公式フィギュアとして発売され、完売が相次いだため阿修羅に関しては鉄板タイトルと考えておりました。

ただ、阿修羅の場合、最大の特徴である6本の腕をリボルテックとしてどう落とし込んでいくのかがけっこう気になってたんですが、できあがってみるともう「さすがだな」という感じで、腕同士が干渉することもなく、アクションフィギュアとしても完成度が高いんですね。発売から2年以上経っているのに売れ続けてくれてる理由は、そのへんにもあるんじゃないかと思っています。それ以外でとくに人気が高かったのは不動明王で、発売後即売り切れちゃったことを覚えてますね。

そうそうカラーリングに関してなんですが、リボルテックタケヤの場合、通常版ではその仏像が完成したばかりの状態ではなくて、少し年月が経った状態を想定して色が付けられているんですね。とくに最初の5体、四天王と阿修羅は、それに加えて全員の配色パターンが違っていて、シリーズとして並べた際の見栄えも考えられていますね。まあ、そのなかでも阿修羅は全身赤で派手なので、戦隊ものでいうレッド的に目立っちゃいますけど。そんなわけで、仏像のカラー版というと原色ピカピカな感じを思い浮かべる人が多いと思うんですが、色あせた彩色の仏像というものを提示してそれがわりとすんなりと受け入れてもらえたというのも収穫でした。実際、それぞれに木調版などのカラーバリエーションもリリースしていますけれど、通常版のほうが売り上げはいいですからね。

ただし、これには唯一例外がありまして、実は十一面観音だけは通常版よりも全身金ピカの金箔調版のほうがよく売れています。やっぱり格の高い仏様だからなんでしょうかね？

金箔調版の十一面観音

仏像以外のリボルテックタケヤを、彩色見本や原型、構成ラフなどを中心に紹介。

リボルテックタケヤ ZETMAN ZET

ゼット

「ZETMAN」は鬼才・桂正和氏が週刊ヤングジャンプで連載中で2012年にはアニメーション作品が制作された。リボルテックタケヤでは「ZET」と「ALPHAS」を製品化。ZETはカリスマバージョン・パーツが付属、ALPHASは背中のジェットパックが飛行モードに可動変形！

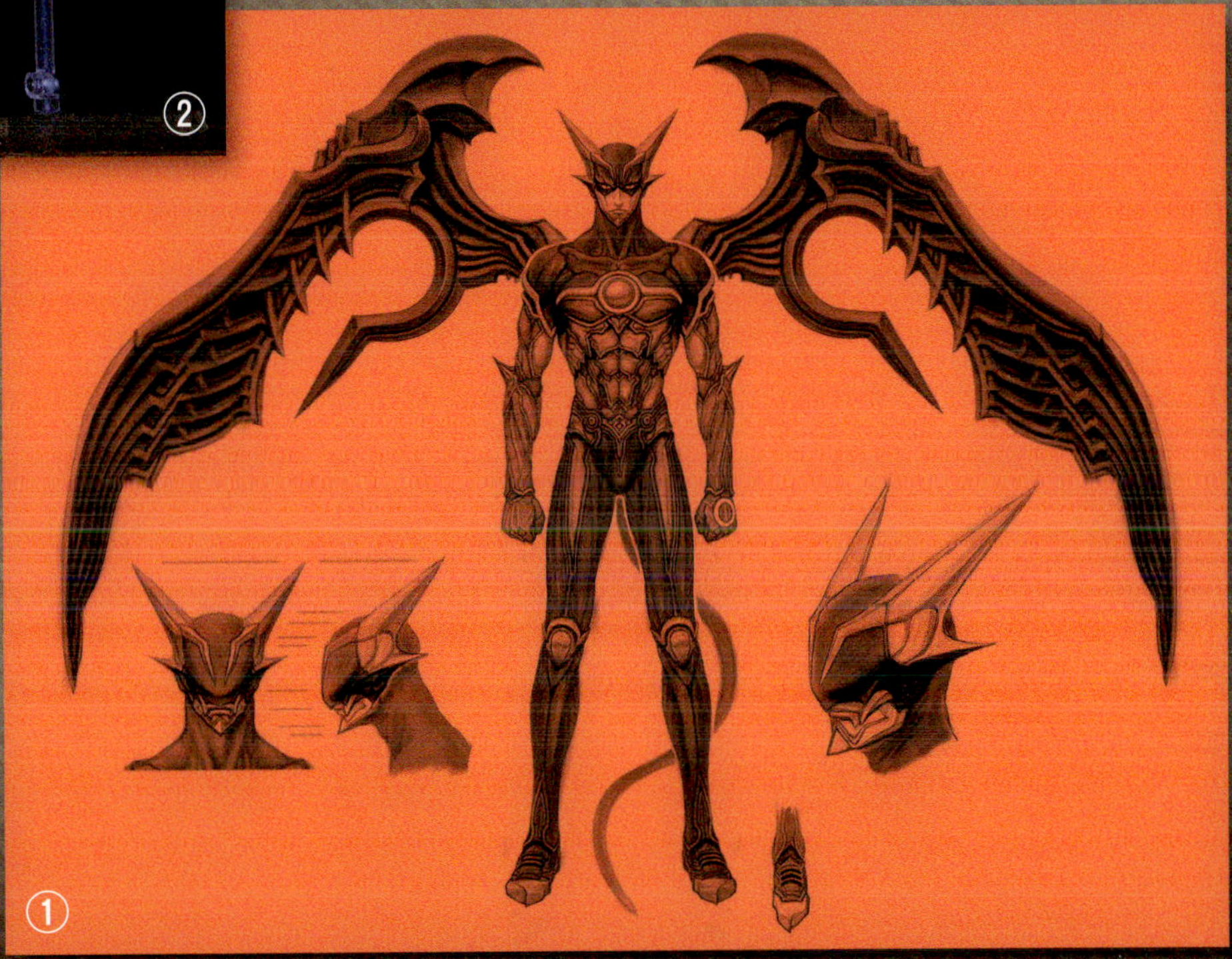

①原型を作る際、携わる人たちがサイズやバランスを共通理解するために描いた正面図。②完成した原型をレジンで複製した組見本。③ゼットマンの原型の場合は、まず最初にステンレス版に左半身だけを作ってバランスやモールドをチェック（写真）。それからデジタルスキャンして左右を出力したものを元に仕上げました。スキャン・出力はグッドスマイルカンパニーにお願いしました。原型制作は谷口順一、竹谷隆之、山口隆、小関正明。（番号なしの写真は彩色見本）

リボルテックタケヤ

ZETMAN

ALPHAS

アルファス

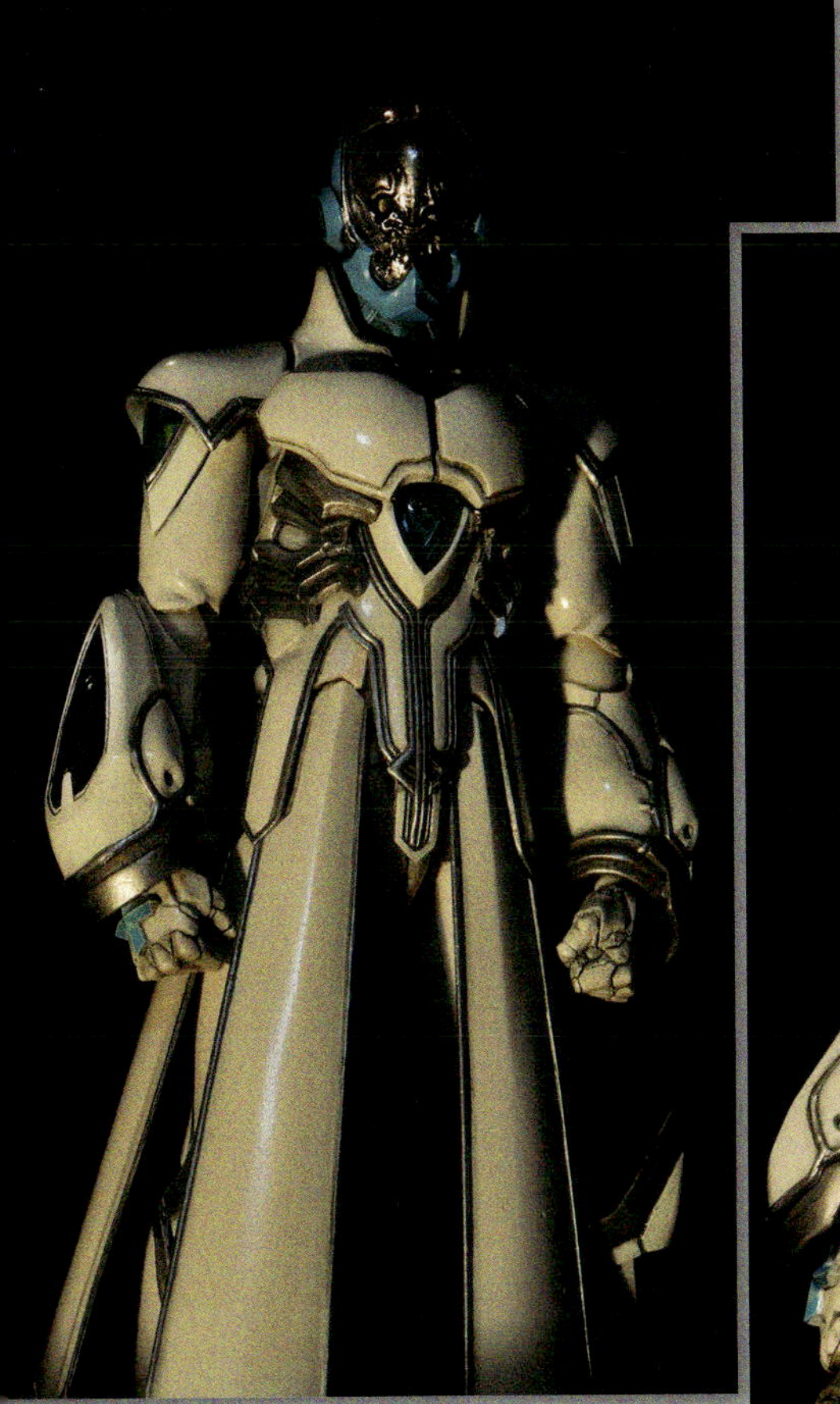

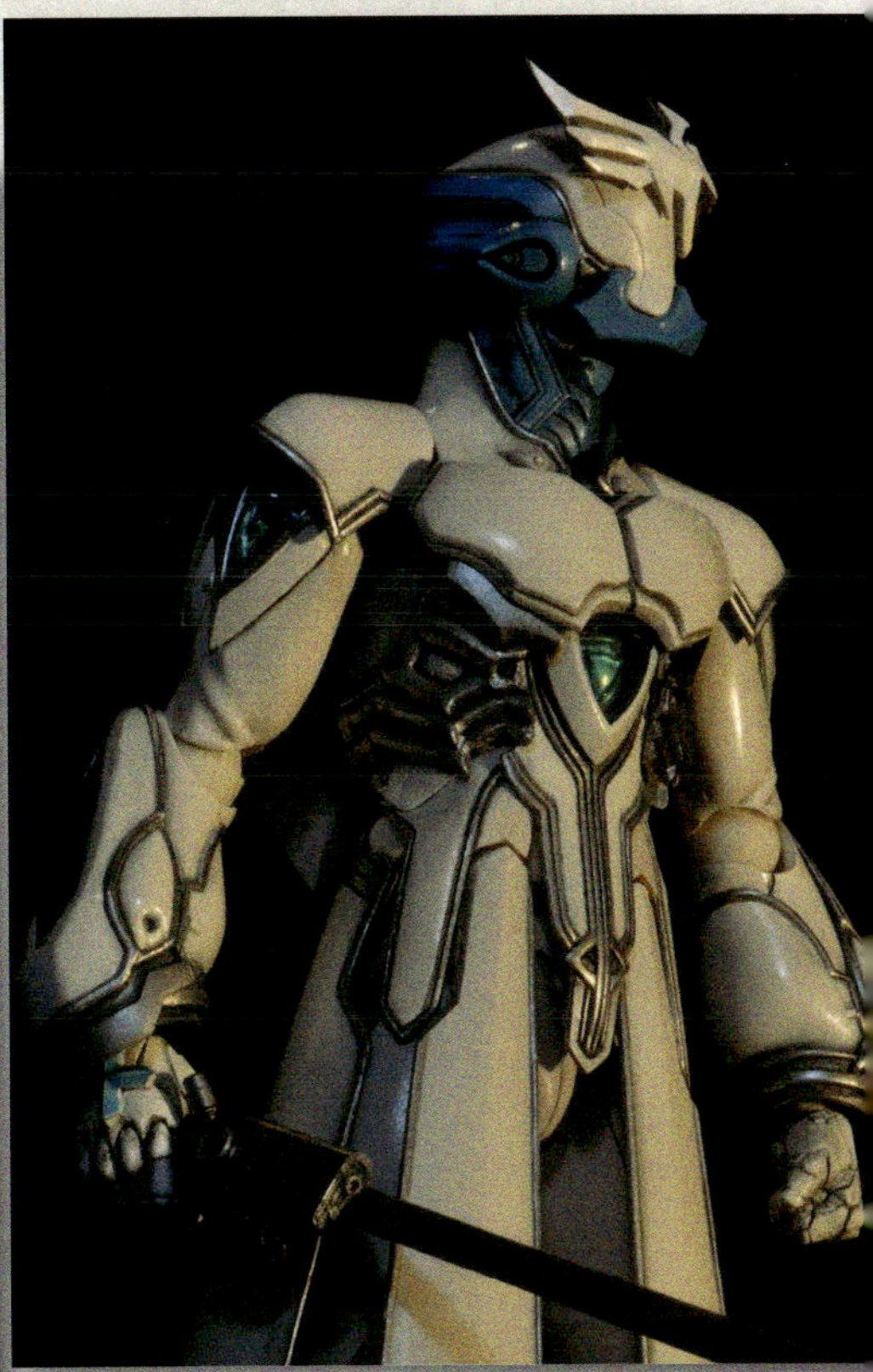

下の顔の絵２枚は桂正和さんの原作漫画に登場する際にデザイン協力をさせていただいたときのもの。「顔の中身ドクロみたいにして」といわれたのでそのように描きましたら「ゴチャゴチャしてて描きづれーっ！」と言われたのですが、後に自分がリボルテックの原型を作るとき…ホントにゴチャゴチャしてて！…作りづらかったです、小さいし！ 高木健一氏のカチッとした仕上げにだいぶ助けられました。写真は彩色見本です。全身の絵は原型を作る際にアニメ用の設定資料に加筆させていただいたもの。

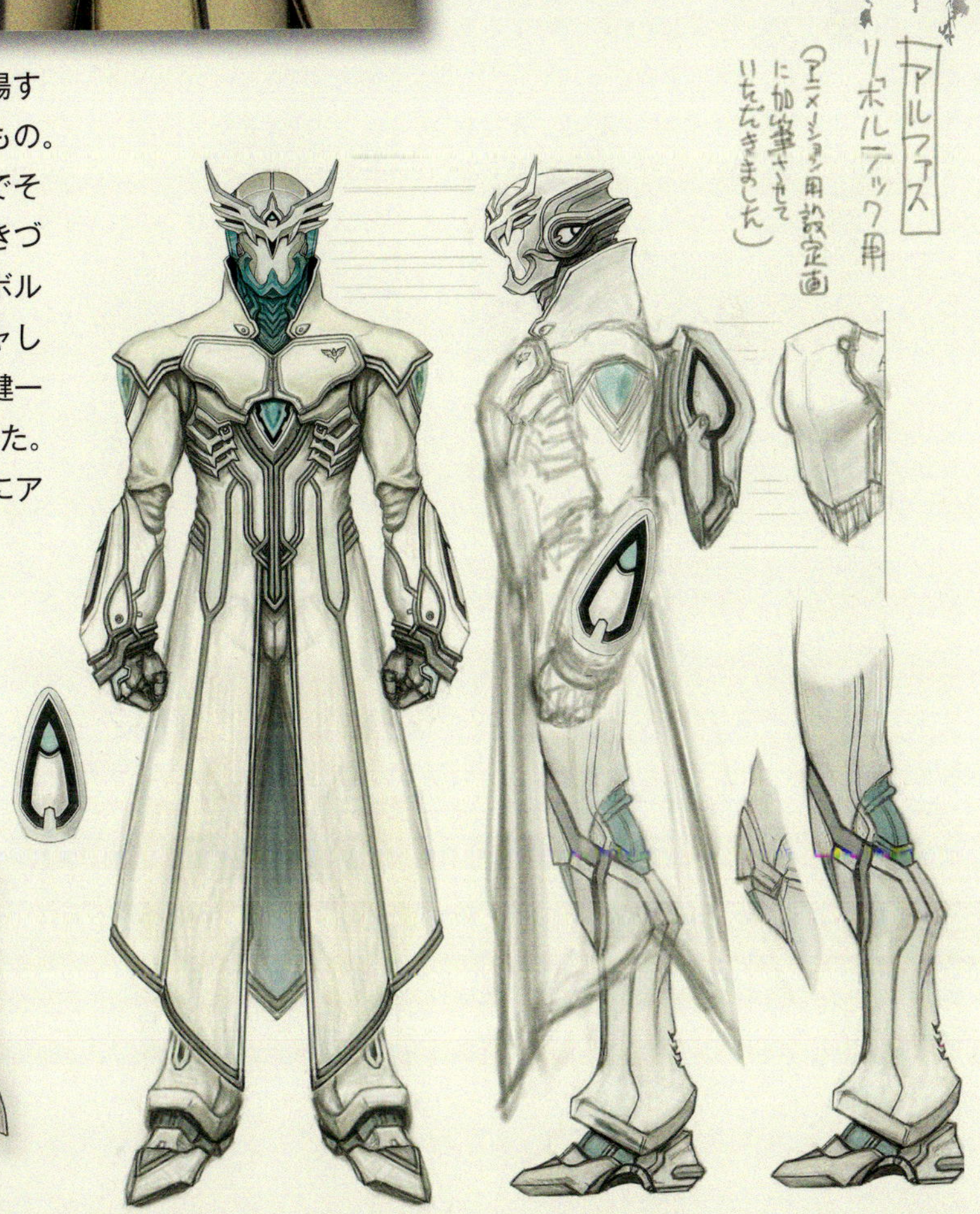
アルファス
リボルテック用
（アニメーション用設定画
に加筆させて
いただきました）

リボルテックタケヤ

鬼太郎・目玉おやじ・ねずみ男

いわずと知れた水木しげる氏の「ゲゲゲの鬼太郎」から「鬼太郎」「目玉おやじ」「ねずみ男」を製品化。山口隆氏の熱意のプロデュースに答えた福元徳宝氏が超絶技術で水木ワールドを立体化!!

②

③

①

①②鬼太郎のレジン彩色見本。表情が差し替えられる。③鬼太郎、台座の原型。④⑤製品のままの目玉おやじに木製台をつけたもの。⑥⑦ねずみ男のレジン彩色見本。⑧⑨構成ラフ描いたのは僕（竹谷）ですが、ただの模写っぽいです…。でも鬼太郎は楽しくモーソーが膨らんでコストのことが考えられずノリノリでコレを描いたら直後に山口さんに「ダメです！」と言われ…小さく描き直しました。2回。

⑥

⑤

④

⑦

ねずみ男
⑧

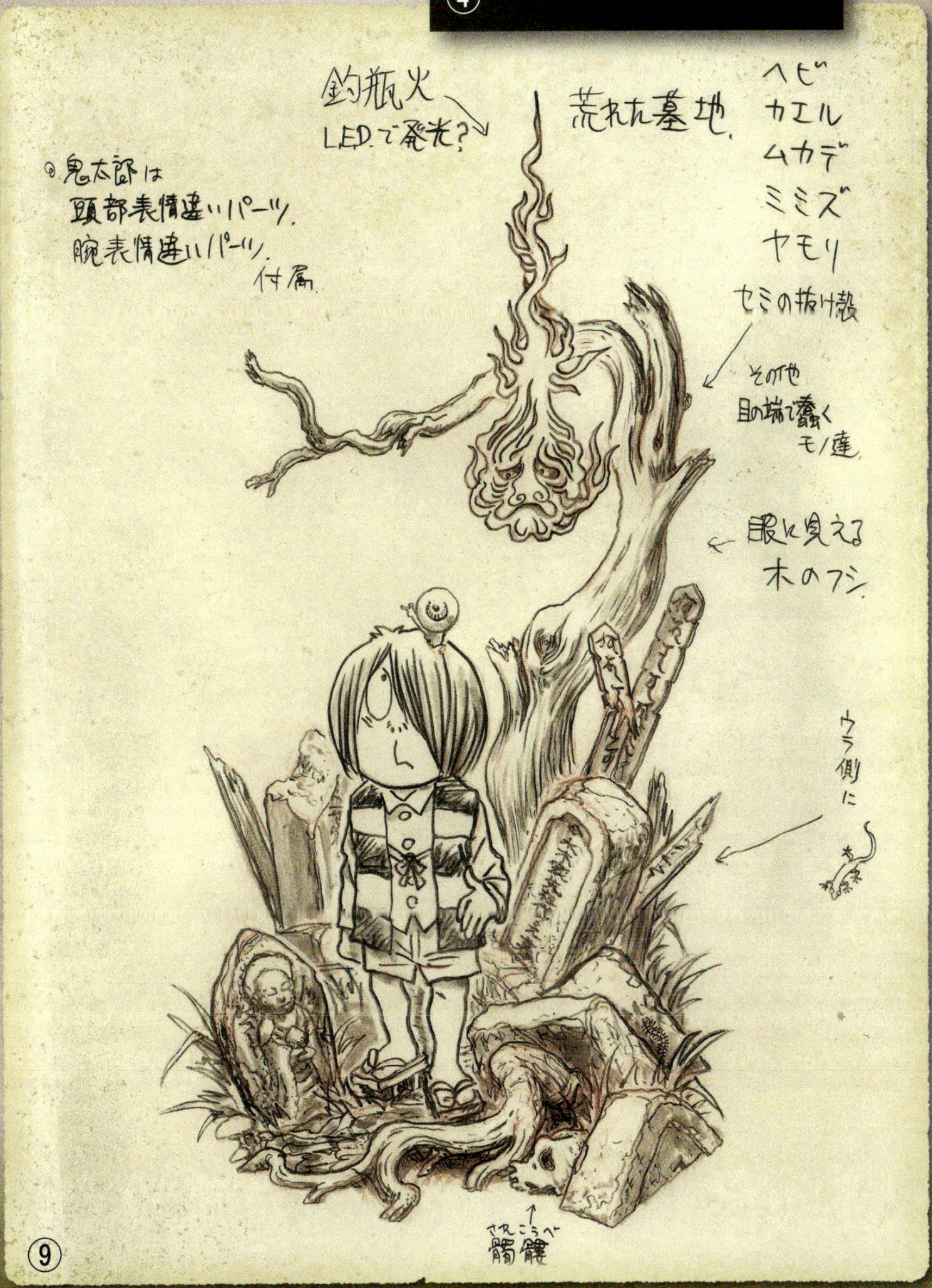
釣瓶火
LED.で発光?
荒れた墓地.
ヘビ
カエル
ムカデ
ミミズ
ヤモリ
◎鬼太郎は
頭部表情違いパーツ.
腕表情違いパーツ.
付属.
セミの抜け殻
その他
目の端で蠢く
モノ達.
眼に見える
木のフシ.
ウラ側に
髑髏《されこうべ》
⑨

リボルテックタケヤ新シリーズ!!
「自在置物」計画始動。

江戸時代、甲冑師の流れをくむ職人たちが蓄積された技術で超精巧に作り上げた自在置物。そのエッセンスをリボルテックに移植しつつ自由な可能性！ 温故知新のコンセプトに乞うご期待!!

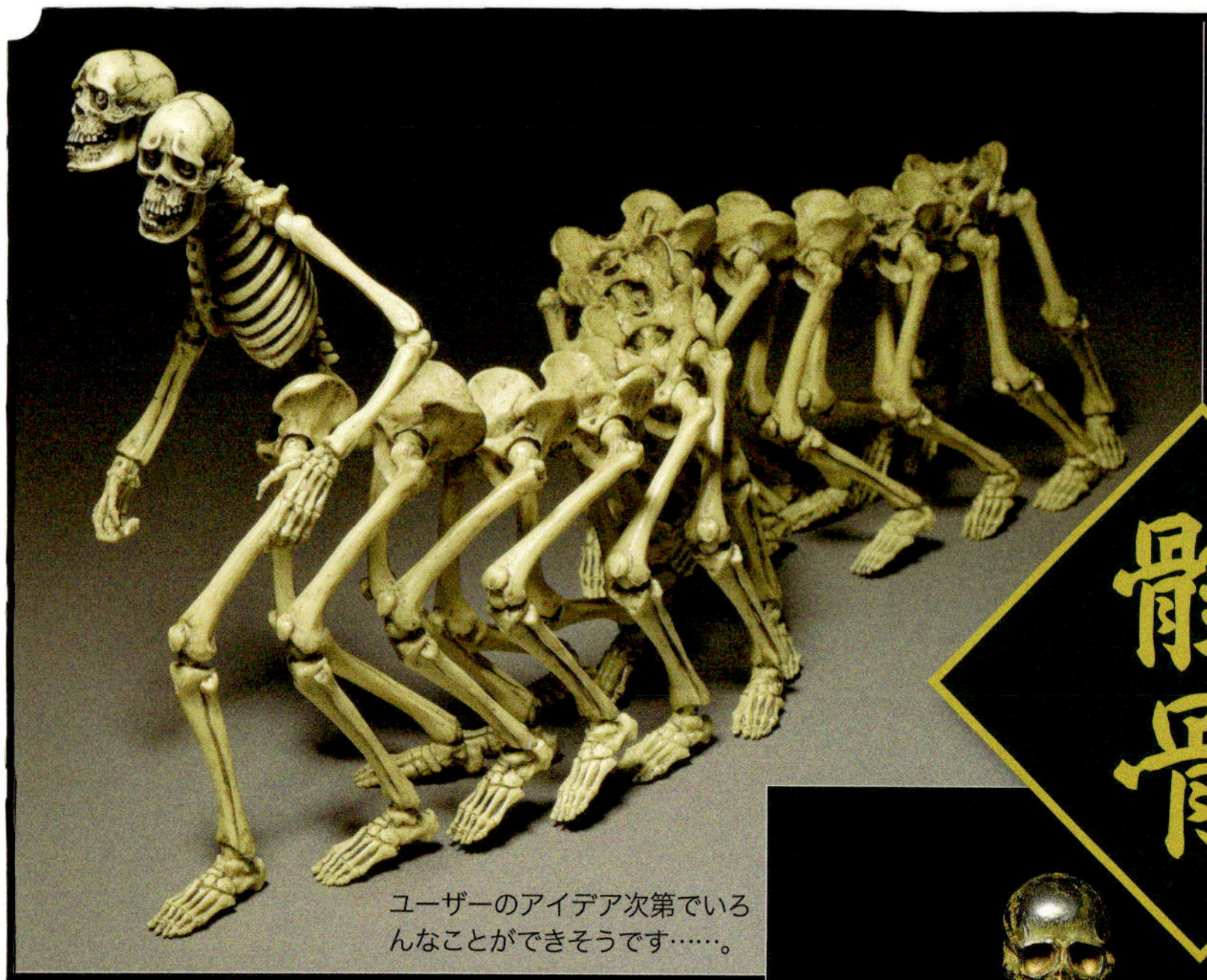

ユーザーのアイデア次第でいろんなことができそうです……。

自在 骸骨

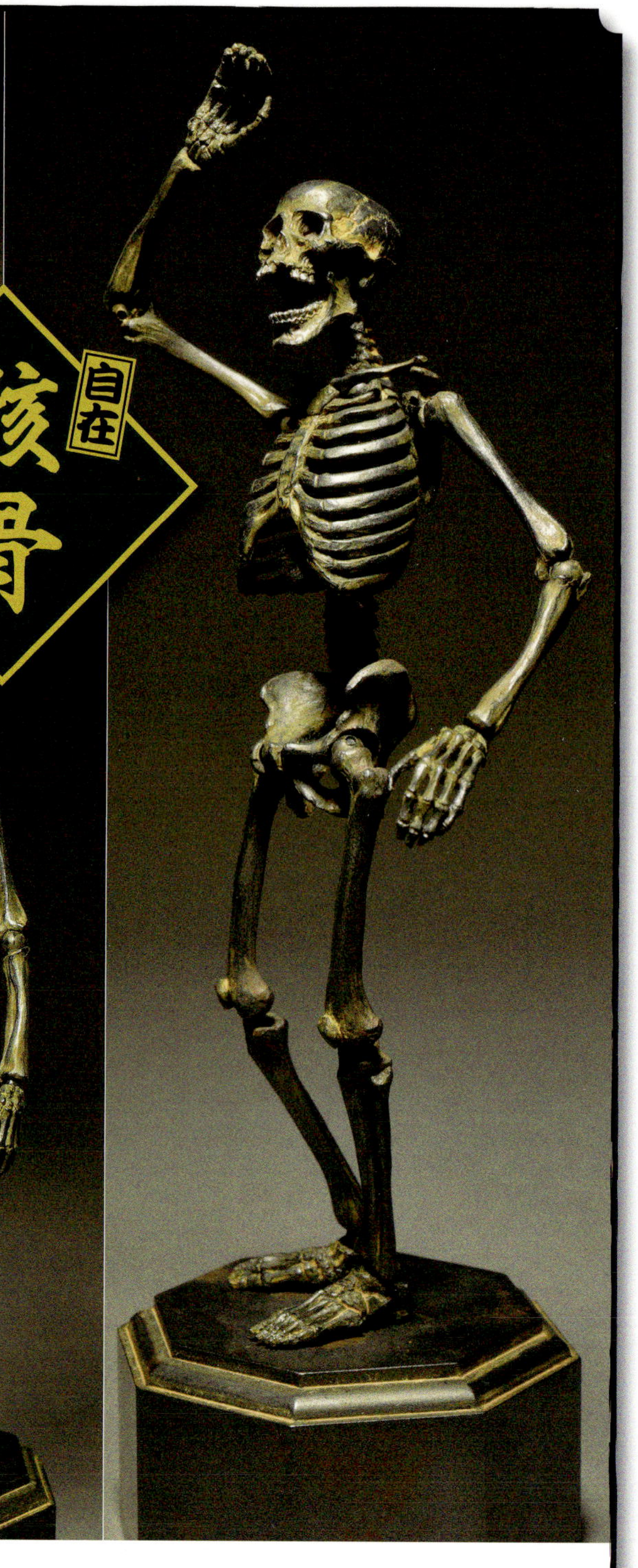

まだどんなパッケージ内容になるかは模索中ですが、ポーズをつけられるだけじゃなく、拡張性も重視したいと思っています（腕を増やせたり骨盤をつなげたり背骨や首を二股にできたり他の製品ともつなげられたり……）。

自在 麒麟

「ケンタウロス型の仏像があればいいのに」という子どもじみた妄想を実現させたくて福元徳宝氏に原型をお願いしました。彩色は山口隆氏。仏像との合体例は→P60

自在 龍

龍の自在置物はけっこう実在していて明珍派が良く知られています。ラインナップには必須！　福元徳宝氏が鋭意制作中!!　写真は原型制作途中です。あああはやくクキクキ動かしたい！

リボルテックタケヤ

企画・ラインナップ立案・原型仕上げ／竹谷隆之・山口隆
ラ フ 画／竹谷隆之
原 型 制 作／鬼木祐二・谷口順一・福元徳宝・高木健一
原型制作協力／小関正明・辛嶋俊一・藤岡ユキオ・伊原源造

Special Thanks（五十音順／敬称略）

片桐仁、桂正和、北嶋夕子（水木プロ）、小杉秀文（勝覚寺住職）、
小松勤、坂本裕孝（ケンエレファント）、水木しげる、横井秀和（集英社）

原　　稿　竹谷隆之（P11～P66, P76～P89, P104～P111）
　　　　　宮澤やすみ（P11～P57）
企画協力　海洋堂（宮脇修一、白川重基、小川浩平）
撮　　影　竹谷隆之（P2～P66、P104～P111）
　　　　　大関　敦（P68～P75、P90～P99）
ブックデザイン　河石真由美（CHIP）
DTP組版　有限会社CHIP
取材・編集　永田浩章
　　　　　西谷英晃（ボーグナイン）
　　　　　小川郁也（二見書房）

竹《たけ》谷《や》隆之《たかゆき》 リボタケ本《ぼん》

著　　者　竹《たけ》谷《や》隆之《たかゆき》・山口《やまぐち》隆《たかし》

発 行 所　株式会社 二見書房
　　　　　〒101-8405
　　　　　東京都千代田区三崎町2-18-11 堀内三崎町ビル
　　　　　電話　03（3515）2311［営業］
　　　　　　　　03（3515）2313［編集］
　　　　　振替　00170-4-2639
印 刷 所　株式会社　堀内印刷所
製 本 所　ナショナル製本協同組合

落丁・乱丁本は送料小社負担にてお取替えします。
定価はカバーに表示してあります。

Printed in Japan
ISBN978-4-576-14086-5
http://www.futami.co.jp